Bernadette Olderdissen

Ligurien

50
MIKROABENTEUER
ZUM ENTDECKEN UND GENIESSEN

360° medien

IMPRESSUM

Ligurien
50 MIKROABENTEUER ZUM ENTDECKEN UND GENIESSEN
Bernadette Olderdissen

© 2. Auflage 2023 360° medien
Nachtigallenweg 1 | 40822 Mettmann

Redaktion und Lektorat: Christine Walter

Satz und Layout: Lucas Walter

Gedruckt und gebunden:
LD Medienhaus GmbH & Co. KG | Van-Delden-Str. 6-8 | 48683 Ahaus
www.ld-medienhaus.de

Bildnachweis: siehe Seite 256

ISBN: 978-3-96855-202-6
Hergestellt in Deutschland

360grad-medien.de

Bernadette Olderdissen

Ligurien

50
MIKROABENTEUER
ZUM ENTDECKEN UND GENIESSEN

360° medien

Vorwort

Werde ich gefragt, was für mich Heimat bedeutet, denke ich zuerst an Ligurien. Nicht, weil ich dort geboren worden wäre, auch nicht, weil ich dort den größten Teil meines Lebens verbracht hätte. Es waren nicht einmal zwei Jahre, die ich in Liguriens Hauptstadt Genua lebte, Erwachsene in Deutsch unterrichtete und mich in jeder freien Minute auf den Weg machte, um bekannte und verborgene Winkel von Italiens drittkleinster Region zu erkunden.

Es war nicht einmal Liebe auf den ersten Blick, als ich im Oktober 2009 mit zwei Koffern am Bahnhof Genua Principe aufschlug, bis heute eine Dauerbaustelle. Vielmehr verbinde ich meine damalige Ankunft im Herzen Liguriens mit Gassen, die kein Sonnenstrahl je erreichte und in denen es stets nach Überresten vom letzten Diskoabend stank. Genau dort mietete ich überstürzt eine Wohnung an, in der sich der Putz vor Schimmel von den Wänden pellte und die trotzdem mehr als ein halbes Monatsgehalt verschlang. Aber es dauerte nicht lange, bis sich hinter der rauen Fassade der Charme offenbarte. Bis der Duft nach ofenfrischer Focaccia jeglichen Gestank überlagerte, sich das Stimmengewirr aus genuesischem Dialekt, italienischer, arabischer und manch anderer Sprache in Musik verwandelte und mich der Mikrokosmos im angeblich größten erhaltenen Altstadtkern Europas nicht mehr abschreckte, sondern faszinierte.

Doch Ligurien wurde für mich nicht in Genua zur Heimat. Auch nicht auf einer obligatorischen Wanderung zwischen den bilderbuchreifen Dörfchen der Cinque Terre. Es passierte wenige Wochen nach meinem Umzug nach Bella Italia. Eines sonnigen Herbstsonntags saß ich auf der Mini-Fähre vom Küstendorf Camogli in die Bucht von San Fruttuoso, neben mir ein amerikanisches Pärchen auf Hochzeitsreise, das die Schönheit der ligurischen Küste in den blumigsten Worten lobte. Sie fragten mich, ob ich im Urlaub sei. „Nein, ich lebe hier!", lautete meine Antwort, woraufhin die beiden neidvoll ihre Gesichter verzogen.

Es war in jenem Moment, vor der Kulisse grüner, steil zum Meer abfallender Hügel, geziert von hohen, bunten Häusern mit grünen Fensterläden, dass mich ein wahnsinniges Gefühl von Dankbarkeit packte. Ein Gefühl des Ankommens, das ich fast 30 Jahre lang nirgendwo verspürt hatte. Es war ab jenem Tag, dass ich die Definition von „Heimat" nicht mehr googeln musste.

Damals dachte ich während vieler Stunden an steinigen Stränden, in altertümlichen Dörfern oder im bergigen Hinterland, dass ich Ligurien nie mehr verlassen würde. Doch meine Geschichte endete knapp zwei Jahre später ähnlich wie der letzte Abschnitt eines meiner Lieblingsbücher, „101 Dinge, die man in Genua zumindest einmal im Leben machen sollte" (frei aus dem Italienischen übersetzt): „Und an diesem Punkt wird Genua erneut das für dich sein, was es Jahrhundert um Jahrhundert für viele Menschen war: nicht mehr eine Stadt, die du entdecken kannst, sondern der Hafen, von wo aus du eine neue Reise beginnst."

Nur meine erste Assozation mit Heimat, die ist über die Jahre unverändert geblieben, und ich bin an keinen Ort der Welt so oft zurückgekehrt wie nach Ligurien. Eine Region, über die ich mehr Geschichten gesammelt habe, als ein einzelnes Buch fassen könnte. Und so wünsche ich jedem Leser, in Ligurien viele besondere Momente zu erleben, die vielleicht sogar über reines Reiseglück hinausgehen.

Bernadette Olderdissen

Inhaltsverzeichnis

Bussana Vecchia

Während der Recherche zu diesem Buch änderten Lokale und Besucherattraktionen aufgrund der Corona-Pandemie immer wieder ihre Arbeitsweise. Darum wurde bei den Service-Informationen auf die Angabe von Öffnungszeiten verzichtet. Allen Ligurien-Reisenden sei empfohlen, sich aktuell vor Ort bzw. auf den aufgeführten Internetseiten zu informieren.

Willkommen

IN LIGURIEN

Manch einer behauptet, das „echte Italien" beginne erst südlich von Rom. Ich aber sage, dass Ligurien auf nicht einmal 5500 sehr schlanken Quadratkilometern zwischen französischer und toskanischer Grenze und mit den Bergen des Piemont im Rücken ein kleines „Best-of" des vielseitigen Stiefel-Landes darstellt. Mit der pulsierenden Regionshauptstadt Genua, angeblich Geburtsort von Christoph Kolumbus (ca. 1451), deren Gassen lange vor allem als Schauplatz von Drogenhandel, Prostitution und Verbrechen galten. Überreste von allen dreien sind noch immer erkennbar, doch daneben siedelten sich hübsche Boutiquen, edle Restaurants und hippe Bars im riesigen Altstadtviertel an, unweit von Museen und dem zweitgrößten Aquarium Europas.

Ligurien ist eine Region von malerischen Stränden und teils so klarem, blauem oder türkisfarbenem Wasser, dass die Mittelmeer-Urlaubsbroschüren ausnahmsweise mal nicht zu dick auftragen. Von bunten Häusern in Küstendörfern, wo man die Fischer manchmal noch bei der Rückkehr vom Meer beobachten kann. Mit bewaldeten Hügeln, die sich aus dem Hinterland bis nah ans Mittelmeerufer wälzen, gepunktet von Häuschen und Villen, die allesamt Anwärter auf „das Haus mit dem schönsten Ausblick" sind. Wie überall in Italien finden sich in Ligurien auch mittelalterliche Dörfer über dem Meer oder verborgen im Hinterland, wo die Geschäftigkeit der Küstenorte von Hühnergackern, auf der Straße spielenden Kindern oder teils freilaufenden Ziegen ersetzt wird. Dörfer, deren geschichtliche Hintergründe oft ebenso ergreifend sind wie der Weitblick über Mittelmeer oder Landschaft.

Da wäre Bussana Vecchia, das in den 1960er-Jahren aus Ruinen entstandene Künstlerdorf. Seborga, das sich selbst zum unabhängigen Fürstentum ernannte. Triora, bis heute Synonym für Liguriens Hexenjagd. Das als besonders ökologisch bekannte Varese Ligure. Einige von ihnen zählen zu den „Borghi più belli d'Italia", den schönsten Dörfern Italiens, die eine Vereinigung seit 2001 nach besonderer historischer oder künstlerischer Bedeutung kürt. Kein Wunder, dass sich darunter auch Vernazza befindet, ein Dorf der weltberühmten Cinque Terre – fünf Küstendörfer, eines postkartentauglicher als das nächste und UNESCO-Welterbe – wo sich farbenfrohe Häuschen an die Klippen über dem Meer klammern.

Die knapp 1,6 Millionen Ligurer, die überwiegend entlang der mehr als 300 Kilometer langen Riviera (Küste) leben, zweiteilen ihre Region in die Levante-Riviera östlich von Genua („die Küste der aufgehenden Sonne") und die Ponente-Riviera westlich davon. Letztere ist zwischen der Musikfestival-Stadt San Remo und Imperia als Blumenriviera bekannt, wobei die dort wachsenden prächtigen Lilien, Gladiolen, Rosen und vielen anderen Blumen leider hinter Gewächshäuserfassaden versteckt bleiben. Wer sich kleine Sandstrände und etwas mehr Platz im Rücken wünscht, verbringt einen Sommertag an der Ponente-Küste, in hübschen Dörfern wie Noli oder Alassio, wer es lieber wildromantisch mit Klippen im Nacken mag, fährt nach Levante, beispielsweise nach Lerici oder in die Gegend um Portovenere. Dort kuscheln sich die steil abfallenden Hügel nämlich so nah ans Meer, dass nur Platz für winzige bis kleine Kieselstein- oder Felsstrände bleibt. Wer keine Fakir-Erfahrung hat, nimmt Sandalen mit festen Sohlen/Wasserschuhe und eine solide Matte zum Hinlegen mit.

Blick über die Bucht von La Spezia bis Lerici

Platzmangel hin oder her, an diesem Küstenabschnitt findet sich der Golfo dei Poeti, der seinen Namen Percy B. Shelley, Lord Byron und John Keats verdankt, die dort im 19. Jahrhundert die Muse küsste. Der Golf vor Camogli nennt sich aus gutem Grund Golfo Paradiso, und das schmucke Dorf Sestri Levante bietet nicht nur eine sogenannte stille Bucht (Baia del Silenzio), sondern auch eine Märchenbucht (Baia delle Favole). An einem Juli- oder August-Wochenende machen beide ihren Namen jedoch wenig Ehre.

Wer nun glaubt, Levante wäre spannender als Ponente, irrt sich allerdings. Es war rund um San Remo an der Westküste, dass der Ligurien-Tourismus im 19. Jahrhundert überhaupt begann, als betuchte Engländer in den Wintermonaten entschieden, ihre vornehme Blässe gegen die in Italien höchst beliebte „bella abbronzatura", schöne Sonnenbräune, einzutauschen. Dieser ehrenwerten Gesellschaft ist manch ansehnliche Villa zu verdanken, aber auch die Fülle an exotischen Pflanzen, die dem ohnehin milden, mediterranen Winter noch mehr Farbe verleiht. Da blühen Palmen an den Strandpromenaden, Kakteen ragen in die Höhe und es duftet nach Magnolien – und das nicht nur im Botanischen Garten Hanbury in Ventimiglia, einem Pflanzentraum. Hinter den sanften Rundungen des Ponente-Hinterlandes türmt sich das Gestein immer steiler zu den sogenannten Ligurischen Alpen auf, gekrönt vom Monte Saccarello, dem mit 2201 Metern höchsten Berg Liguriens. Dort treffen Italien und Frankreich aufeinander, dort tragen die Ligurer nicht mehr die neuste Bikini-Mode und prall gefüllte Strandtaschen, sondern Wanderfunktionskleidung und Rucksäcke.

Durch die ligurischen Berge und den sich östlich davon anschließenden Apennin führen nämlich gut ausgeschilderte Pfade, darunter der etwa 440 Kilometer lange Alta via dei Monti Liguri, auf rot-weiß-gestreiften Schildern mit AV abgekürzt. Der Weg führt von der französischen bis zur toskanischen Grenze, einmal quer durch Ligurien, denn wer es noch nicht wusste: Wandern kann man in Ligurien nicht nur auf dem ausgetretenen Küstenpfad zwischen den Cinque Terre, sondern vielerorts auf den Steilklippen über dem Meer oder im Hinterland, durch einige der etwa 69 Prozent Waldgebiete, durch Macchie (typisch mediterranen Buschwald), Pinienwälder, vorbei an Olivenhainen und Zitronenbäumen, durch Nationalparks und Naturreservate. Ligurien verlangt seinen Besuchern keine Entscheidung zwischen Bergen oder Meer ab – morgens geht es zum Wandern in die Berge oder Hügel, danach zum Entspannen ans Meer.

Keine Frage, dass man sich nach so viel Action-Angeboten abends einen Aperitif mit Meeresblick verdient hat – einen alkoholischen Drink inklusive Snacks, den viele Italiener mehr schätzen als das eigentliche Abendessen. Mehr als genug Örtlichkeiten dafür bieten neben den größeren Orten auch alle Dörfer in Küstennähe oder im Binnenland. Wer sehr viel Kleingeld übrig hat, nimmt seinen Aperitif mit Blick auf Jachten in Portofino ein, dem wohl schicksten Flecken Liguriens. Allerdings stößt man dort überwiegend auf Touristen, denn die Ligurer selbst bekräftigen gerne das Klischee, äußerst sparsam – um nicht zu sagen knausrig – zu sein.

Wer echt ligurische Spezialitäten verkosten möchte, kann dies andernorts günstiger tun. Zu den Gaumenfreuden der Region gehört neben ligurischem Olivenöl natürlich Pesto aus frischem Basilikum, der besonders lecker auf Trofie schmeckt, kleine Nudel-Würmchen. Aus vielen Bäckereien duftet es nach Farinata aus Kichererbsenmehl oder Focaccia, ofengebackenem Fladenbrot. Besonders beliebt: Focaccia al formaggio, eine Käse-Focaccia aus dem ansonsten eher unscheinbaren Küstenort Recco, der jeden Mai ein Fest gewidmet wird, genauso wie im benachbarten Camogli dem Fisch (Sagra del pesce), ebenfalls im Mai.

Und wer die etwas längere Anfahrt ins Ponente-Hinterland auf sich nimmt, der wird im verträumten Dorf Dolceacqua mit dem besten Rotwein Liguriens – sonst eher für Weißweine bekannt – belohnt, dem Rossese. Denn was könnte es Schöneres geben, als einen lauen Abend mit dem Geschmack Liguriens auf der Zunge ausklingen zu lassen, vielleicht zu den Liedklängen von Fabrizio De André oder Gino Paoli, zwei von Liguriens bekanntesten Liedermachern, die ab den 60er-Jahren ihre Heimat in den buntesten Bildern besangen?

Top 10

DER SEHENSWÜRDIGKEITEN IN LIGURIEN

1 **Cinque Terre:** Gäbe es unter den fünf Dörfern an Liguriens Ostküste einen Schönheitswettbewerb, wäre die Jury nicht zu beneiden. Ob Riomaggiore, Manarola, Corniglia, Vernazza oder Monterosso – alle warten mit bunten Häuschen

auf, die zwischen tiefblauem Mittelmeer und steilen Hügeln des Hinterlandes klemmen. Mit kopfsteingepflasterten Gassen und verbunden durch einen spektakulären Küstenweg. Leider ist die in den Felsen gehauene Via dell'Amore zwischen Riomaggiore und Manarola wegen eines Erdrutsches geschlossen und die Öffnung frühestens für 2024 vorgesehen. Aktuell führt die Strecke mit Weitblick über Meer und Terrassenfelder auf etwa elf Kilometern von Manarola bis nach Monterosso. Wer gerne wandert, kann sie an einem Tag zurücklegen. Corniglia, das einzige Dorf im Landesinneren, bietet von 80 Meter Höhe die schönste Aussicht. Wer nicht gerne wandert und die Dörfer lieber vom Wasser aus bewundert, kann dies im Rahmen einer Bootstour ab Riomaggiore oder Monterosso tun.

2 **Portofino:** Es stimmt leider: In Portofino kostet vieles, vom Eis bis zur Pizza und Unterkunft, oftmals doppelt so viel wie anderswo in Ligurien. Dafür ist das Dorf mit gerade mal 500 Einwohnern auch der liebste Urlaubsort der Wohlbetuchten – sichtbar an den im Hafen ankernden Jachten und luxuriösen Boutiquen entlang der Promenade. Schön auf einer Halbinsel gelegen, lädt Portofino zum Flanieren zwischen den bunten Häusern ein oder zu Wanderungen durch Pinien, Zypressen- und Olivenhaine bis in die Nachbarbucht San Fruttuoso. Um den schönsten Weitblick streiten sich das Castello Brown und der Leuchtturm.

3 Genua: Liguriens Hauptstadt ist keine offensichtliche Schönheit wie Rom oder Florenz, aber wer ihr ein wenig Zeit gibt, entdeckt wahre Schätze – vor allem in den nie langweiligen Altstadtgassen, denen ein eigenes Mikroabenteuer gewidmet ist (siehe Tipp 1, Seite 30). Ein schöner Startpunkt für die Erkundungstour ist der herausgeputzte Porto Antico, wo Boote und Jachten ebenso ankern wie das Piratenschiff Galeone Neptune, um 1986 für Roman Polanskis Film „Piraten" erbaut. Dank des Panoramaaufzugs Bigo des genuesischen Stararchitekten Renzo Piano kann man sich den Hafen und das dahinter beginnende Gassengewirr aus 40 Meter Höhe

anschauen – bzw. aus 50 Metern vom 2018 eröffneten Riesenrad. Oder man schlendert durch Genuas Nobelstraße Via Garibaldi voller altehrwürdiger Palazzi, die teils Museen beheimaten, kraxelt auf den Leuchtturm (Wahrzeichen der Stadt) oder geht bei schlechtem Wetter auf große Seefahrt im lohnenswerten Galata Museo del Mare.

4 **Camogli:** Camogli ist fraglos eines der beliebtesten Küstendörfer bei Ligurern und Besuchern von außerhalb zugleich. An der Strandpromenade reihen sich hohe, pas-

tellfarbene Häuser aneinander, davor liegt der für ligurische Verhältnisse lange Kieselsteinstrand. Malerisch erhebt sich auf einer Landspitze die Basilica di Santa Maria Assunta, kurz vor dem nicht minder pittoresken Mini-hafen, wo sich auch ein paar schöne aufgemalte Fassaden finden. Von dort starten in der Hochsaison stündlich

Ausflugsboote nach Punta Chiappa (siehe Tipp 15, Seite 88) und San Fruttuoso. Jeden zweiten Sonntag im Mai steigt in Camogli das große Fischfest „Sagra del pesce", wobei in einer riesigen Pfanne Fisch für alle gekocht wird.

5 **Alassio:** Es sind nicht nur der hübsche Strand und das milde Klima, die Alassio an der Ponente-Küste zum beliebten Urlaubsort machen. Für viele ist es auch das Gefühl, in die Fußstapfen Ernest Hemingways zu treten: Der brachte dort 1951 die erste Fliese am sogenannten Muretto (Mäuerchen) von Alssio an, das den Stadtpark umfasst. Die Tradi-

tion setzt sich bis heute fort, mittlerweile haben sich Hunderte von VIPs an der Mauer verewigt. Außerdem gibt es dort genau das Richtige für Naschkatzen: den Bacio di Alassio, Kuss von Alassio, der jede Kalorie wert ist. Er verführt die Geschmacksnerven bereits seit 1910 mit Bitterschokolade und einem cremigen Herzen.

6 **Portovenere:** Bevor Ligurien in die Toskana übergeht, hält es kurz hinter den Cinque Terre noch ein Juwel bereit: das zum UNESCO-Weltnaturerbe zählende Portovenere. Schon von Weitem fallen die Festung und die über dem Meer thronende Kirche San Pietro ins Auge, die auf dem Grund des einstigen Tempels der Liebesgöttin Venus steht – daher auch

der Ortsname. Die bunten Häuser sind denen von Portofino nicht unähnlich, und doch könnten beide Dörfer kaum unterschiedlicher sein. Ist Portofino fest in der Hand der Schickeria, herrscht in Portovenere eine entspannte, an ein uriges Fischerdorf erinnernde Atmosphäre, vor allem, wenn man die vor Touristen wimmelnde Meerespromenade oder Geschäftsstraße verlässt und durch die Gassen mit Wohnhäusern weiter oberhalb schlendert.

7 **Bergeggi:** Wer in Ligurien auch Strandurlaub machen möchte und von den vielen winzigen Steinstränden enttäuscht ist, dem bietet der Strand von Bergeggi vielleicht ein wenig Trost. Zwar besteht auch dieser Lieblingsstrand der Ligurer an der Ponente-Küste aus kleinen Steinen, die von Weitem aussehen wie heller Sand, aber das Meer vor diesem Küstenabschnitt ist glasklar und karibisch türkisfarben. In der Sommersaison ist ein Großteil des Strandes wie überall fest in der Hand von „Stabilimenti balneari", kostenpflichtigen Badeanstalten mit Liegen- und Sonnenschirmverleih, aber man findet auch kleinere freie Abschnitte.

8 **Bussana Vecchia:** Es war in den 1960er-Jahren, dass Künstler das 1887 von einem Erdbeben zerstörte und verlassene Dorf in den Hügeln entdeckten und die mittelalterlichen

Häuser wieder bewohnbar machten. Heute finden Besucher dort einen einmaligen Ort voller Kunstläden und geprägt vom noch immer freiheitsliebenden Lifestyle der Bewohner, den die französische Künstlerin Marie-Eve Merilou als „wahrgewordene Utopie" bezeichnet, der malende Sänger Silvano Manco als „zu viel Bier, zu wenig Kultur". Doch zum Entstehungszeitpunkt dieses Buches ist Bussana Vecchia – wie seit Jahrzehnten immer mal wieder – vom Aus bedroht! Die Kommune von Genua möchte die Künstler nun endgültig aus den illegal erworbenen Häusern vertreiben, Ausgang ungewiss.

9 **Grotten von Toirano:** Diese prähistorischen Grotten im Ponente-Hinterland wurden erst ab 1890 erkundet und in den 1950er-Jahren für Besucher eröffnet. Insgesamt gibt es

vier Grotten, von denen zwei allerdings nur Wissenschaftlern zugänglich sind. In den beiden anderen gibt es unzählige Stalagmiten- und Stalaktitenformationen zu bewundern, wie sie nur die Kreativität der Natur erschaffen kann. Bärenknochen ließen darauf schließen, dass die Tiere dort früher wohl überwinterten, wahrscheinlich lange Zeit, nachdem sie urzeitliche Menschen vor etwa 20.000 Jahren nutzten, die ebenfalls Spuren in den Grotten hinterließen

10 **Botanischer Garten Hanbury:** Dieser 1867 von dem britischen Kaufmann Thomas Hanbury ins Leben gerufene Botanische Garten zählt zu den Top-Parkanlagen in Ligurien. Auf 18 Hektar gedeihen knapp 6000 Pflanzen, von mediterran bis tropisch und subtropisch, und ein Spaziergang über das Gelände wird zur Weltreise durch die Pflanzenwelt: vom japanischen Garten über Südafrika mit seinen herrlichen Akazien bis in den australischen Busch, geprägt von Eukalyptusbäumen.

Kurioses und Besonderheiten

AUS LIGURIEN

✓ Wer durch Ligurien reist, wird vielerorts Häuser täuschend echt aussehende, jedoch aufgemalte Fassaden entdecken, darunter in Camogli und am kleinen Hafen des Dorfes. Laut Legende war es Geiz, der die Ligurer ab der zweiten Hälfte des 15. Jahrhunderts dazu verführte, Hausfassaden – darunter Fenster, Fensterläden und Stuckverzierungen – aufzumalen, eine Technik, die sich Trompe-l'oeil nennt, das Auge trügen. Eine andere Geschichte berichtet dagegen von einer Steuer auf Fenster in der damaligen Republik Genua, wonach bis zu fünf Fenster steuerfrei waren, ab dem sechsten aber Fenster-Steuern anfielen. Also mauerte man die Fenster kurzerhand zu und ließ sie der Ästhetik wegen neu aufmalen.

✓ Apropos Geiz – die Ligurer sind in ganz Italien dafür bekannt, besonders knausrig zu sein. Ein vollkommen aus der Luft gegriffenes Klischee ist das nicht, und die Sparsamkeit lässt sich sogar erklären: In einer zwischen Meer und Bergen eingeklemmten Region war es für die Menschen stets mühsam, Ackerflächen erfolgreich zu bebauen, und so lernten sie früh, sorgsam mit den spärlichen Erträgen umzugehen.

✓ Viele Dächer Liguriens bestehen nicht etwa aus irgendeinem Schiefer! Nein, sie werden mit Ardesia gedeckt, dem echt ligurischen Schiefer, den man beispielsweise auf den Felsen vor der Passeggiata Anita Garibaldi im Stadtteil Genua Nervi findet, unterhalb der gesamten Meerespromenade. Viele Schiefer-Gruben gab es im Landesinneren der Levante-Küste, am Monte Tugio und in Fontanabuona, wo der Schiefer teils bis heute abgebaut wird. Manche Ligurer lassen ihre Hausdächer mit dem grau-glänzenden

Material decken, aber auch Inneneinrichtungen daraus herstellen. Besucher können Ardesia-Souvenirs erwerben, beispielsweise auf Schiefer gemalte Bilder, Nippes, Geschirr oder kleine Möbelstücke.

✓ Wer mit der Regionalbahn von Genuas Osten in den Westen fahren möchte – oder umgekehrt – der braucht viel Geduld. Entlang des Küstenstreifens zwischen Genua Nervi und Genua Voltri hält die Bahn nämlich (je nachdem, ob es sich um einen Expresszug handelt oder nicht) locker an die zwölf Mal innerhalb von Genua selbst. Bereits die Durchsage am Bahnhof mit allen Stopps klingt nach einer neverending story.

✓ Wale-watching geht nur im Atlantik? Falsch! Auch in Ligurien kann man Wale und Delfine sehen. Das ligurische Meer gilt sogar als erstes Walschutzgebiet weltweit. Die Saison zur Beobachtung der großen Säuger ist der Sommer, wenn Ausflugsboote raus aufs Meer fahren und die Besucher hoffentlich mit Impressionen von in die Höhe spritzenden Fontänen oder glitschigen Walrücken zurückkommen.

✓ Fans von feinsandigen, kilometerlangen Stränden werden in Ligurien tatsächlich immer wieder enttäuscht. Aufgrund seiner natürlichen Beschaffenheit sind nur wenige Strände (überwiegend in Richtung Ponente) grobsandig, alle anderen

aber von kleinen oder größeren Kieselsteinen bedeckt (Richtung Portovenere auch von Felsbrocken), so auch Genuas Strände. Daran, wie jemand auf den Steinen läuft, unterscheiden die Ligurer Einheimische und Besucher – also Zähne zusammenbeißen und sich keinen Schmerz anmerken lassen, wenn man wie ein Einheimischer rüberkommen will!

✓ Kulinarisch steht Ligurien nicht allein für Olivenöl, Pesto und Focaccia – die Region ist auch bekannt für ihren ausgezeichneten Käse, der vielerorts produziert wird. Besonders lecker: der Schafskäse Toma della Pecora Brigasca oder der Ziegenkäse Caprino di Malga, der häufig zu Pasta gegessen wird. Ein Klassiker zu Wein oder Brot ist dagegen der sehr kräftige Formaggio di Malga di Triora von der Kuh.

✓ Befindet man sich an der bebauten Küste, ist es schwer vorstellbar, aber Ligurien besteht zu 69 Prozent aus Wald und ist daher in heißen und trockenen Monaten einer großen Waldbrandgefahr ausgesetzt. An der Küste findet man kaum Wald, der versteckt sich nämlich überwiegend im Hinterland – ausschweifende Buchenwälder im Appenin, aber auch viele Weißtannen, die gemeinsam mit den Buchen einen für Ligurien typischen Mischwald ausmachen.

Genua und

Umgebung

In der Innenstadt Genuas

Genua und Umgebung

1 Sich treiben lassen im Altstadtlabyrinth

Fabrizio De André (1940 bis 1999), Genuas bekanntester Liedermacher, beschrieb die Altstadtgassen seiner Heimatstadt in einem Lied sehr treffend mit „Viertel, wohin die Sonnenstrahlen des lieben Gottes nicht reichen". Wo betagte Männer an Bartischen zusammensitzen und sich über Gott und die Welt beschweren, wo elegante Herren Prostituierte frequentieren und Betrüger und Kriminelle ihren Machenschaften nachgehen.

Zugegeben: Genuas Altstadtgassen sind oft düster, dort stinkt es auch mal, und von unzähligen aufgespannten Wäscheleinen tropft die Wäsche. Die Gassen sind nicht überall schön, aber umso spannender, ein wahrer Mikrokosmos, in dem es immer Neues zu entdecken gibt.

Das Altstadtbild hat sich stark verändert, seit diese Lieder in den 1960er-Jahren entstanden, doch eines ist gleichgeblieben: Bella Italia wie aus dem Bilderbuch mit Sonnenschein, ständigem Pizzaduft und zwischen schicken Boutiquen bummelnden Menschen gibt es dort noch immer nicht. Stattdessen hält der angeblich größte erhaltene Altstadtkern Europas einen Mikrokosmos voller Überraschungen bereit, wo es lohnt, den Reiseführer oder diverse Apps mal wegzupacken und sich treiben zu lassen. Auf Details achtzugeben wie Madonnen- und weitere Statuen an zerfallenen Hausfassaden und unscheinbare Bar- oder Restaurantschilder, hinter deren Graffiti-verschmierten Türen sich gemütliche Einkehrmöglichkeiten eröffnen.

Genua-Neulinge erkunden die Vicoli am besten tagsüber. Bis heute kursieren Schauerge-schichten, was im Dunkeln vor allem in und um die berüchtigte Via di Prè geschieht – meist Dro-genhandel, auf den man während der Sightseeingtour besser ver-zichtet. Lange hieß es, die Gas-sen links der Via S. Lorenzo (von Piazza De Ferrari aus gesehen) seien okay, aber rechts davon, in Richtung Bahnhof Piazza Prin-cipe, solle man achtgeben. Sogar einer von Italiens bekanntesten Serienmördern, Donato Bilancia (2020 im Gefängnis an Covid19 verstorben!), das „Monster von

Manche Gassen wirken noch immer verrucht.

Ligurien", beging seine ersten Morde in Genuas Vicoli. Er war die klassische Gassen-Figur, ein spielsüchtiger Dieb, der einen Freund, gegen den er beim Spiel verloren hatte, ermordete, und zwar in der Nähe von Piazza Cavour. Und in der Via Luccoli kann man angeblich einem Gespenst begegnen: Laut Legende war dort einst ein Wald, wo man in der Antike heidnischen Göttern Men-

schenopfer brachte, darunter ein Kind, „il bambino di Via Luccoli". Noch heute soll dessen lächeln-der Geist jedem erscheinen, der traurig durch die Gasse läuft.

Heute ist in den Vicoli jedoch allenfalls eine reichlich glatt-gelutschte Version der wilden Geschichten erkennbar. In der Via della Maddalena stehen noch immer von früh bis spät leichtbe-

Kulinarik zum Mitnehmen

Überall sind Heiligen-statuen zu sehen.

kleidete Damen aufreizend vor den Haustüren, doch die sind genauso Teil des Altstadtambientes wie Geschäfte mit arabischen Gewürzen, mit Handwerkskunst aus Schwarz-Afrika oder Klamotten aus China, die sich an genuesische Focaccia-Bäckereien oder Spezialitätengeschäfte voller Pesto und hausgemachter Pasta kuscheln. Nach kurzer Eingewöhnung überwiegt der Duft nach frisch Gebackenem und Gekochtem, und die zwischen italienischen Nachbarn ausgefochtenen Kämpfe werden ebenso zu Musik wie in Höchstlautstärke geführte Gespräche zwischen Immigranten oder das Rolläden-Knallen früh morgens und spät abends. Dann wieder erklingen aus zwischen Häusern verschwindenden Kirchen wie der unscheinbaren Parrocchia di San Sisto II ein „Ave Maria purissima" oder „Halleluja", überlagert vom Rap Jugendlicher vor dem Eingang.

Doch selbst in früheren Zeiten standen nicht alle Vicoli für Ärger, sondern manche auch für Romantik pur, allen voran die Piazza dell' Amor Perfetto, der „Platz der perfekten Liebe". Die Legende dazu kennen meist nur echte Genueser: Um 1500 lernte der französische Herrscher Luigi XII bei einem Besuch Genuas die genuesische Edeldame Tommasina Spinola kennen. Beide verliebten sich sofort, obwohl die Schöne bereits verheiratet war. Bevor Luigi XII ein weiteres Mal nach Genua kam, erhielt Tommasina die fälschliche Nachricht von dessen Ableben in einer Schlacht. Der Schmerz verzehrte sie, bis sie starb. Und der sich grämende Luigi äußerte beim nächsten Genua-Besuch an der Piazza dell' Amor Perfetto die Worte, die in die Stadtgeschichte eingingen: „Sarebbe potuto essere un amore perfetto". Es hätte die perfekte Liebe sein können.

Info

Lage: Die Altstadtgassen nehmen einen großen Teil des genuesischen Zentrums ein und schlängeln sich oberhalb des Hafens zwischen dem größten Bahnhof Piazza Principe und der Piazza De Ferrari durch Genua. Lässt man sich in den Gassen treiben, gelangt man früher oder später meistens irgendwo an den Hafen, bestenfalls zum Porto Antico, zur Prachtstraße Via Garibaldi oder in die Via Balbi, die wiederum zum Bahnhof führt.

In den Gassen gibt es unzählige Einkehrmöglichkeiten, viele Bars und Eisdielen, aber auch Bäckereien und Focaccerien, wo man sich bis in die späten Stunden mit Leckereien eindecken kann.

Gerade tagsüber kann man überall sorglos hingehen, ab den Abendstunden meiden manche Genueser noch immer die Gegend rund um die Via di Prè. Sich wirklich in den Gassen zu verirren ist schwierig, da man eher früher als später immer wieder auf eine größere Straße stößt oder auf einen Platz, der bei der Orientierung hilft.

Anreise: Ab den größten Bahnhöfen Piazza Principe oder Brignole fahren nahezu alle Buslinien in Richtung der Piazza De Ferrari. Von dort kann man in wenigen Minuten in Richtung Porto Antico laufen und sich einfach rechts oder links der Cattedrale San Lorenzo in die Gassen schlagen, um mit der Altstadterkundung zu beginnen.

2 Genua in den Fußstapfen Fabrizio De Andrés

UND ANDERER LIEDERMACHER

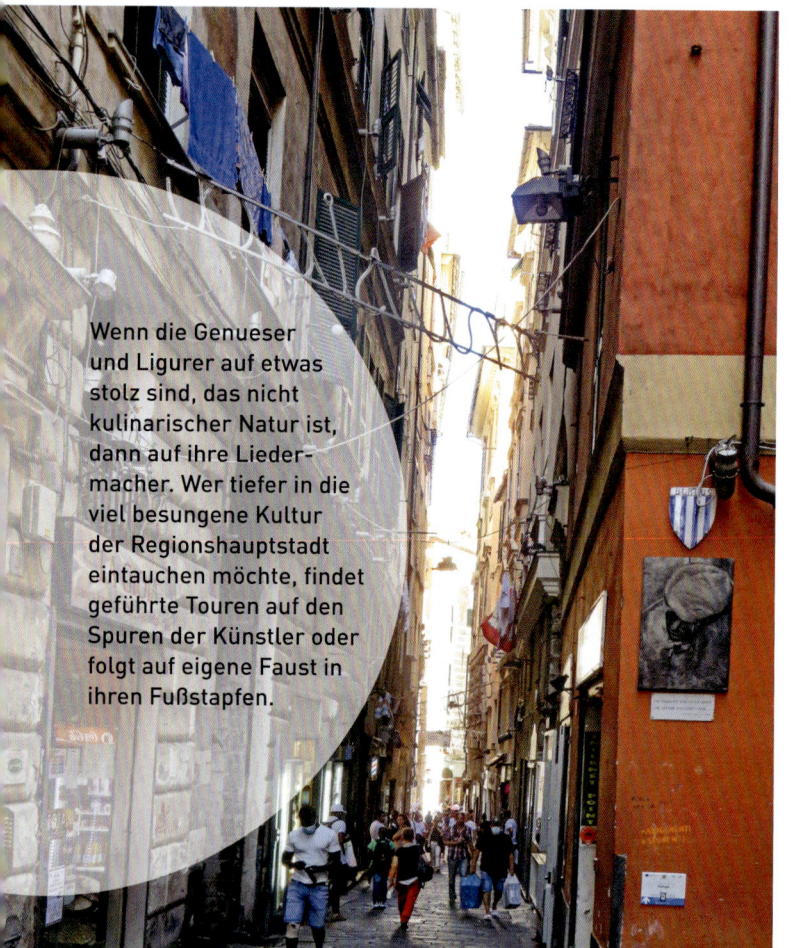

Wenn die Genueser und Ligurer auf etwas stolz sind, das nicht kulinarischer Natur ist, dann auf ihre Liedermacher. Wer tiefer in die viel besungene Kultur der Regionshauptstadt eintauchen möchte, findet geführte Touren auf den Spuren der Künstler oder folgt auf eigene Faust in ihren Fußstapfen.

Möchte man sich auf die Spur von Genuas bekanntestem Liedermacher Fabrizio De André machen, ist die Via del Campo im Herzen der Altstadt ein guter Ausgangspunkt. Die Straße ist unter
anderem als einer der früher vielen Schauplätze von Prostitution
aus De Andrés Liedern „Via del Campo" und „A dumenga" (in

ligurischem Dialekt geschrie-
ben, „Der Sonntag") bekannt.
Damals erlaubte der Senat den
Freudenmädchen nur sonntags
nach getaner Arbeit ihre Gassen
zu verlassen und zur Messe zu
gehen, laut Liedtext unter öffent-
lich geäußerter Empörung der
Viertelbewohner. Davon ist heute
nichts mehr zu sehen, wohl aber
findet sich in der Nummer 29

Informationen zu De Andrés Musik

rosso von Via del Campo ein kleines Museum zu Ehren des Liedermachers und einiger seiner Kollegen wie Gino Paoli und Umberto
Bindi. An dieser Stelle befand sich noch bis 2010 das historische,
in ganz Italien bekannte Geschäft „Musica Gianni Tassi". Dessen
Inhaber war ein begeisterter Sammler und Kenner von allem,
was mit der genuesischen Schule der Musik
zu tun hatte. Ihm ist es zu verdanken, dass
noch heute Fans von De André und Co. ori-
ginal Vinyl-Schallplatten der Liedermacher,
aber auch Fotos, Bücher, alte Zeitungsartikel
und weitere Schätze bewundern können –
nicht zuletzt auch eine Gitarre, die De André
gehört haben soll.

In den Gassen unweit von Via del Campo sah
De André „i poveri diavoli [...] I senzadio per
i quali chissà che Dio non abbia un piccolo
ghetto ben protetto, nel suo paradiso [...]"
(„die armen Teufel, die Gottlosen, für die Gott
vielleicht kein kleines, geschütztes Ghetto in

De Andrés Gitarre

seinem Paradies hat") – Liedzeilen, an die noch immer ein Schild aus Ardesia-Schiefer an der Piazza del Campo erinnert. Spaziert man weiter durch die farbenfrohe und lebhafte Via Sottoripa mit ihren Bogengängen, kann man sich immer wieder die alten Männer an den Tischen der Bars vorstellen, die sich in De Andrés Liedern über alles beschweren – und, hört man genau hin, dies heute noch tun.

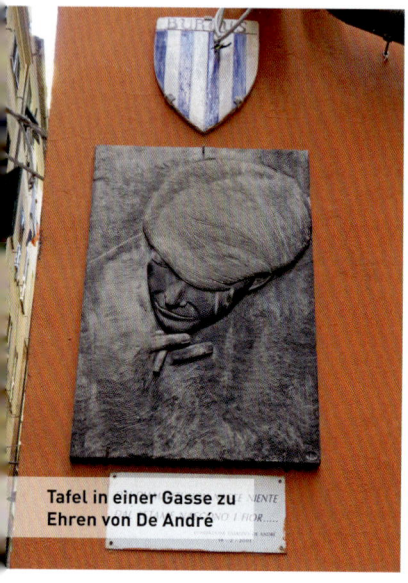

Tafel in einer Gasse zu Ehren von De André

Einige Gassen weiter ist das Haus erreicht, in dem De Andrés Kollege Gino Paoli seinen eigenen Gelüsten nachging, beschrieben in seinem Lied „Il cielo in una stanza" („der Himmel in einem Zimmer"). Der Text trieft nahezu vor Romantik, es geht um eine Angebetete, die Paoli unter einer „fliederfarbenen Decke" liebt. Wie er später in Interviews zugab, handelte es sich um eine Prostituierte, und die hübsche Decke befand sich im Zimmer eines Bordells – des „Il Castagna" im Vico dei Castagna 4, heute ein ganz normales, mehr oder weniger mit Graffiti dekoriertes Wohnhaus. Auch der in De Andrés wohl schönstem Lied, „Crêuza de mä" („Die Gassen zum Meer") als äußerst dynamisch beschriebene Fischmarkt auf der Piazza Cavour ist verschwunden, doch eines ist geblieben: Cima alla genovese, eine genuesische Spezialität, welcher der Liedermacher ein eigenes Werk widmete („Â çímma") und deren Zubereitung so lange braucht, dass man damit beginnt, wenn „das Licht einen Fuß auf der Erde hat und den anderen im Meer". Begibt man sich in Gassen wie Via San Bernardo oder Via Canneto il Lungo, gibt es kaum eine Osteria, die den besonderen Hackbraten mit Kalbsbrust und einer gefühlt endlosen Liste an weiteren Zutaten nicht anbietet; ein leckeres Mittagessen, und hat man einen Platz im Freien erwischt und beobachtet das Treiben in den Gassen, wird sich noch so manche Zeile der Liedermacher vor den eigenen Augen manifestieren.

Eingang des Museo De André

Info

Lage: Museo De André, Via del Campo 29r, 16124 Genua, Tel. +39 0102474064

Aktivitäten: Es gibt geführte Touren zu den Liedermachern sowie zur Geschichte der Vicoli (Gassen); Tel. +39 0102474064, oder (eher zum Schwerpunkt Geschichte und Prostitution) *genovacultura.org/evento/genova-antica-tra-bordelli-e-case-chiuse-2*. Die Führungen sind teils auch auf Englisch buchbar.

Website: *viadelcampo29rosso.com*

3 Mit dem Castelletto-Lift zum Weitblick

In einer Stadt wie Genua mit ihren sich teils steil an den Hügeln festklammern- den Vierteln sind sie ein wahrer Segen – Aufzüge, die die Bewohner in Sekundenschnelle hinauf und hinunter bringen. Ein ganz besonderer ist der Lift von Spianata Castel- letto, der praktischer- weise an einem der schönsten Panora- mapunkte endet.

Müssten die Bewohner des Stadtteils Genua-Castelletto ihre Einkäufe unten aus der City hochschleppen, würden sie ganz schön ins Schwitzen kommen, denn Castelletto ist locker das Viertel mit den meisten Steilhängen Genuas. Auch die Fahrt mit dem Bus durch viele Kurven nimmt einige Zeit in Anspruch. Wie praktisch, dass es da den bereits 1909 eingeweihten und 2020 restaurierten Aufzug mit zwei Kabinen (die nach den Originalkabinen von Anfang des 20. Jahrhunderts dekoriert wurden) gibt, der innerhalb weniger Sekunden die Piazza Portello mit Spianata Castelletto verbindet. Der Eingang zum Lift befindet sich in einem Gebäude, während der obere, wunderschön im Liberty-Stil gestaltete Teil frei steht und mit seinen großen Fenstern gleich bei Ankunft einen Vorgeschmack auf das sich zu Füßen entfaltende Panorama bietet.

Endstation des Aufzugs ist nämlich ein Aussichtsbalkon in 57 Meter Höhe. Dieser Belvedere bietet das wohl schönste 360-Grad-Panorama Genuas in unmittelbarer Stadtnähe und vermittelt Besuchern ein Gefühl davon, wie dicht besiedelt die Hafenstadt ist. Wer bisher noch Zweifel hatte, ob Genuas Altstadt wirklich die wohl umfassendste in Europa ist, wird diese im Angesicht der sich in alle Richtungen walzenden Häuser, aus denen hier und dort ein Kirchturm stakst, schleunigst ablegen. Und wer seine Hausaufgaben zum Thema Ardesia gemacht hat, jenem typisch ligurischen Schiefer, der viele Häuser der Region deckt, der kann vielleicht sogar anhand der Farbe unterscheiden, welche Hausbesitzer in Ardesia investiert haben und welche nur in x-beliebige Schieferplatten.

Aufzug von Castelletto

Weitblick über die Altstadt

Bei schönem Wetter und klarem Blick ist die Spianata Castelletto ein wunderbarer Punkt, um sich auf einer der Bänke unter Bäumen niederzulassen und zuzuschauen, wie Fähren und Kreuzfahrtschiffe in den Hafen ein- oder daraus auslaufen. Wie die Lanterna, der Leuchtturm im Hafen und Genuas Wahrzeichen, stolz über Ankunft und Abfahrt der ganz großen Schiffe, aber auch der kleinen Ausflugs- und Fischer- oder Segelboote wacht. Wie Flugzeuge über dem Meer zum Landeanflug auf den wenige Kilometer entfernten Flughafen Genuas ansetzen. Und wie auch mancher Einwohner Castellettos mit seinen prallen Einkaufstüten kurz am Balkongeländer verweilt, um einen zufriedenen Blick auf seine vollgestopfte und doch wunderschöne Stadt zu werfen. Manch einer mag dabei die Worte des 1990 verstorbenen Dichters Giorgio Caproni im Kopf haben, der dem L'ascensore, dem Aufzug, sogar ein paar Zeilen widmete: „Quando mi sarò deciso d'andarci in paradiso, ci andrò con l'ascensore di Castelletto ..." (Wenn es mir beschieden wird, ins Paradies zu gehen, werde ich mit dem Aufzug von Castelletto dorthin fahren). Dieser Vers ist ebenfalls auf einer Tafel unten im Eingangsbereich des Lifts verewigt.

Wer sich stattdessen gern sportlich verausgabt und den Aussichtsbalkon zu Fuß erklimmen oder zumindest zu Fuß ins

Zentrum zurückkehren möchte, kann dies über einige der von ligurischen Liedermachern wie De André viel besungene „creuze" tun, jene steilen Ziegelsteingässchen, die am Ende alle zum Meer führen. Oftmals sind sie gesäumt von kleinen bunten Häusern, ähnlich denen der ligurischen Dörfer, manche mit eigenen Blumengärten, wie man sie in der Innenstadt nirgends findet.

Blick zur Laterna und zum Hafen

Info

Route des Aufzugs: von Piazza Portello nach Spianata Castelletto

Fahrtzeiten: jeden Tag zwischen 6:40 und 0 Uhr, maximal 25 Personen pro Kabine

Tickets: Der Aufzug wird betrieben von AMT Genova, wie auch die Stadtbusse, und kann mit dem gleichen Ticket benutzt werden wie ein Bus (z. B. ein Ticket von 100 Minuten oder ein Tagesticket). Tickets bekommt man u. a. an jedem Kiosk, oder man lädt sich die AMT-App aufs Handy herunter.

Tipp: Wer günstig mit dem wohl besten Weitblick über Genua speisen möchte, bringt sich von unten eine Focaccia oder etwas anderes Leckeres mit auf den Balkon und genießt dies auf einer der Bänke.

Der Porto Antico, alte Hafen, ist der Ort in Genua, von wo aus viele ihre Erkundungstour der Stadt starten. Dabei ist der Name irreführend, denn der kleine Hafen wurde topmodern herausgeputzt und bietet neben vielen Restaurants sowie Bars ein Riesenrad, das Aquarium, ein Piratenschiff und nur wenige Hundert Meter weiter das faszinierende Meeresmuseum.

Genuas Porto Antico, Teil der Bucht hinter der Altstadt und gegenüber dem Fährterminal gelegen, ist für viele das Herz der City. Bis 1992 herrschte dort ziemlich tote Hose, doch dann putzte Stararchitekt Renzo Piano den kleinen Hafen ordentlich heraus, pünktlich zum 500. Geburtstag von Kolumbus' Amerikaentdeckung. Am Porto Antico treffen sich Genueser und Besucher, um zu flanieren, um in der beliebten Bar Banano Tsunami auf einer Plattform auf dem Wasser einen Aperitif mit Sonnenuntergangsblick zu genießen oder um neidisch die Jachten anzuschauen. Im Alten Hafen gibt es stets genug zu sehen und zu tun, um Touristen gut einen halben oder auch einen ganzen Tag zu beschäftigen. Wer das Aquarium besuchen möchte, braucht viel Zeit, denn es gehört mit seinen etwa 600 Meeresbewohnern und über 60 Becken zu den größten Europas. Daran schließt sich unter einer kleinen Glaskuppel die ebenfalls von Renzo Piano entworfene Biosfera an, ein exotischer Miniregenwald voller Bäume, Pflanzen sowie Schmetterlinge, Leguane und anderer Spezies.

Wenige Schritte weiter schiebt sich ein echtes Piratenschiff ins Bild, die Galeone Neptune, ein Fernsehstar, denn das Schiff spielte 1986 in Roman Polanskis Film „Piraten" mit. Nun steht es zum Besuch offen und bereitet gerade kleinen Piraten eine Menge Freude. Wer Piraten weniger spannend findet als ein Genua-Panorama-Selfie, geht stattdessen zum Bigo: Was auf den ersten Blick aussieht wie ein Bootskran, ist in Wirklichkeit ein geschickt getarnter Panoramalift, der bis auf 40 Meter

Galeone Neptune

Höhe fährt. Den umfassendsten Hafenblick inklusive der zusammengepferchten Häuser der Altstadt und Hügel im Hintergrund garantiert allerdings seit 2018 das Riesenrad am Porto Antico, und zwar aus 50 Meter Höhe.

Porto Antico

Linker Hand erstrecken sich die sogenannten Magazzini di Cottone, Baumwollmagazine aus dem 20. Jahrhundert. Die früheren Lagerhäuser beheimaten heute neben dem Radiosender Babboleo unter anderem eine Vielzahl an Bars und Restaurants – direkt gegenüber dem Anleger für die Jachten der Schönen und Reichen. Dort an einem Drink zu nippen und zuzusehen, wie sich die Jachtbesitzer auf ihren Booten aalen oder ab und zu eine Fähre oder ein Kreuzfahrtschiff das Meer ansteuert, ist eine der entspanntesten Porto-Antico-Aktivitäten überhaupt. Und das Beste: Läuft man bis zum Ende der Promenade, gibt es dazu noch einen freien Blick auf die Lanterna, Genuas Leuchtturm-Wahrzeichen.

Hinter den Baumwollmagazinen Energie zu tanken lohnt sich, bevor es weitergeht zum Galata Museo del Mare, dem 2004 erbauten Meeresmuseum, das heute das größte und innovativste maritime Museum des Mittelmeerraums sein soll. Über fünf Stockwerke verteilt bekommen Besucher einen tollen Einblick in frühere Galeeren, Navigationsmöglichkeiten und historische Weltkarten, in Genuas Schiffswerften und den Seehandel, transatlantische Schiffe – und sogar ein U-Boot kann man besichtigen. Wer das Meer und Schiffe liebt, wird in diesem Museum sehr wahrscheinlich etwas länger verweilen.

Galata Museo del Mare

Info

Lage: unterhalb der Altstadt (beispielsweise am Ende der Via San Lorenzo)

Aktivitäten:

- Aquarium: Area Porto Antico, Ponte Spinola, 16128 Genua, Tel. +39 01023451, *acquariodigenova.it*
- Bigo: Calata Cattaneo 5, 16128 Genua, Tel. +39 0102345678, *acquariodigenova.it/bigo-panoramic*
- Riesenrad: Porto Antico, 16128 Genua, Tel. +39 042589276, *altravistawheel.com*
- Galeone Neptune: Porto Antico, Molo Ponte Calvi, 16124 Genua
- Galata Museo del Mare: Calata Ansaldo De Mari 1, 16126 Genua, Tel. +39 0102345655, *galatamuseodelmare.it*

Tipp: Da es für mehrere Attraktionen des Porto Antico Kombitickets gibt, sollte man gleich danach fragen, um Geld zu sparen, wenn man mehrere Highlights besuchen möchte!

5 Der Leuchtturm

GENUAS WAHRZEICHEN

Eine hübsche Promenade führt vom Hafen bis zur Laterna, dem Leuchtturm auf dem Hügel von San Benigno, der stolz Genuas Wappen zur Schau trägt und als Wahrzeichen der Regionshauptstadt gilt. Als an dieser Stelle um das Jahr 1128 der erste Leuchtturm errichtet wurde, war er unverzichtbar, um die Seefahrer sicher nach Genua und wieder aufs Meer hinaus zu geleiten. Die Form des heutigen Leuchtturms, der neben als Navigationshilfe nun vor allem als Sehenswürdigkeit und Museum dient, entstammt dem Jahr 1543. Allerdings musste 1956 nach Schäden aus dem Zweiten Weltkrieg ein Großteil restauriert werden.

Er ist nicht nur das Symbol der Hafenstadt, sondern zählt auch zu den höchsten Leuchttürmen der Welt – La Lanterna von Genua. Da er außerhalb des Zentrums steht, verzichten viele Touristen auf einen Besuch, was schade ist, denn der Leuchtturm bietet nicht nur eine neue Perspektive auf Genua, sondern beherbergt auch ein sehenswertes Museum.

Der etwa 76 Meter hohe Turm, der damit einer der höchsten Leuchttürme der Welt ist, thront zusätzlich auf einem 40 Meter hohen Felsen und ist aus der Nähe noch imposanter als vom Jachthafen des Porto Antico aus. 172 Stufen sind es bis zur Aussichtsplattform: Von keinem anderen Punkt in Genua aus eröffnet sich eine so einmalige Sicht auf den Hafen, das Meer und die Hügellandschaft im Rücken der Stadt. An klaren Tagen lässt sich in der Ferne sogar die Halbinsel von Portofino ausmachen. Und dann wären da die Fähren und Kreuzfahrtschiffe, die den Hafen anlaufen oder sich wieder auf den Weg machen und denen mancher Genueser von seinem Stadtwahrzeichen aus sehnsüchtig nachsieht. Nicht minder hübsch ist der Blick zum Porto Antico mit seinen vielen Booten und Jachten.

Direkt nebenan befindet sich seit 2006 das Museo della Lanterna, dessen multimediale Ausstellung sich um Genuas Geschichte sowie die Entwicklung seines Hafens dreht. Und ganz nebenbei wird man noch eingeführt in die Kunde der Schifffahrtszeichen und erfährt, wie beispielsweise eine Fresnellinse funktioniert. Hinzu kommen interessante Wechselausstellungen, von denen man sich einfach überraschen lassen darf.

Die Laterna erhebt sich stolz am Hafen.

Der einzige Nachteil des Leuchtturms besteht darin, dass er in der Regel nur am Wochenende und an Feiertagen geöffnet ist, sodass man ihn frühzeitig für diese Tage im Genua-Sightseeing-Programm einplanen sollte!

Info

Lage: am westlichen Ende von Genuas Hafen, Rampa della Lanterna

Anreise: Am leichtesten ist es, entweder mit der sehr kurzen Metro Genuas bis Dinegro zu fahren, mit dem Bus zum Fährterminal (Haltestelle Buozzi 2/Metro Dinegro bzw. Dinegro/Terminal Traghetti) oder zu Fuß dorthin zu laufen. Hinter dem Fährterminal, wo man sich in der Einkaufspassage mit einem Kaffee oder Snack stärken kann, beginnt die 800 Meter lange Promenade bis zum Leuchtturm.

Website: *lanternadigenova.it*

6 Castello d'Albertis

DIE GANZE WELT IN EINEM SCHLOSS

Das Castello d'Albertis ist ein wunderschönes Schloss im gotischen Revival-Stil, das sich in den Hügeln des Stadtteils Castelletto erhebt. Seit 2004 beheimatet es das Museum der Weltkulturen und bietet ruhige Spazierwege mit Cityblick in seinem weitläufigen Garten.

Von unten könnte man das 1892 fertiggestellte Schloss hinter dicken Mauern in der Fülle an Gebäuden, die sich im über der Innenstadt gelegenen Stadtteil Castelletto drängen, glatt übersehen. Doch beispielsweise sticht beim Blick vom Aussichtspunkt Spianata Castelletto (siehe Tipp 4, Seite 42) eine bräunliche Struktur mit Turm ins Auge – das Castello d'Albertis, das über den öffentlichen Aufzug von Montegalletto (benannt nach dem kleinen Berg, auf dem das Schloss thront) innerhalb weniger Minuten erreicht ist und auf den Überresten einer Bastion aus dem 16. Jahrhundert erbaut wurde. Ein wenig der antiken Festung kann man hinter der auffälligen Fassade mit Zinnendach

Am Schloss

und -turm noch erahnen, inspiriert vom Stil des gotischen Revivals, den auch zahlreiche Paläste in Florenz oder die Schlösser des Valle d'Aosta aufweisen. Benannt ist das Schloss nach dem ursprünglichen Schlossbesitzer Enrico Alberto d'Albertis, einem Seefahrer und Entdecker, der eine Schwäche für die Architektur des gotischen Revivals hatte. 2004 wurde das nach d'Albertis' Tod an die Stadt Genua abgegebene Schloss zum Sitz des Museo delle Culture del Mondo, des Weltkulturen-Museums.

Dieses Museum könnte kein besseres Zuhause gefunden haben, denn d'Albertis war ein leidenschaftlicher Sammler der ungewöhnlichsten Objekte, die er von seinen Reisen um die ganze Welt mitbrachte, unter anderem aus Afrika, Ozeanien und Amerika. Darunter befinden sich Waffen aus dem Sudan, chinesische Speere und Funde, die auf die Maya in Honduras zurückgehen sollen. Dazu kommen Schiffsmodelle, Musikinstrumente aus unterschiedlichen Ländern und Bücher aus d'Albertis' persönlicher Bibliothek. Kurzum: Dieses Schloss mit unschlagbarem

Blick über die Stadt vom Museum aus

Weitblick über Genua und das Meer beherbergt die gesamte Welt, bringt aber auch die Liebe des einstigen Schlossbesitzers für Genua, das Meer und immer neue Abenteuer zum Ausdruck. Nicht minder interessant sind die teils üppig mit historischen Möbeln und Dekor ausgestatteten Räume. Der zweite Teil der Ausstellung konzentriert sich dagegen auf die ins Schloss integrierten Teile der ursprünglichen Bastion sowie auf ethnografische und archäologische Funde.

Hat man sich am Inneren sattgesehen, ist die Weltreise jedoch noch nicht ganz beendet, denn da wäre noch der wunderschöne Garten, der gleich mehrere Spazierwege bietet, Ruhezonen sowie Panoramablicke über Genua und die Weite des Mittelmeers, das d'Albertis immer wieder zum Aufbruch animierte.

Info

Lage: Corso Dogali 18, 16136 Genua

Anfahrt: Am schnellsten kann man das Museum vom Zentrum aus mit dem Ascensore Montegalletto (Aufzug) erreichen, der ab Piazza di Santa Brigida hoch in den Stadtteil Castelletto fährt (gleich hinter Via Balbi, die vom Bahnhof Piazza Principe in Richtung Zentrum führt). Alternativ fahren Bus 35 oder 36 hoch nach Castelletto – oder man absolviert ein kostenloses Beine-Po-Training und läuft die steilen Straßen nach oben.

Website: *museidigenova.it/it/castello-dalbertis-museo-delle-culture-del-mondo*

7 Festungs-hopping oberhalb von Genua

Wer die Hügel im Rücken Genuas vom Hafen aus sieht, kann sich oft nicht vorstellen, dass man in wenigen Minuten ganz oben sein kann – oder dass es dort irgendetwas Interessantes gibt. Beides falsch. Unter anderem geht es mit der Seilbahn Funicolare Zecca-Righi ein Stück hinter dem Hafen in nur sechs Minuten hoch in den Ortsteil Righi. Dort beginnt eine überschaubare, aber wunderschöne Wanderung durch den Parco delle Mura, den Park der Mauern oder besser gesagt Festungen. Das Festungs-hopping führt vorbei an teils noch gut erhaltenen, teils zu Ruinen verfallenen Festungen aus dem 17. bis 19. Jahrhundert, die Genua damals sowohl vor Angriffen vom Meer als auch vom Hinterland aus schützen sollten. Bis heute gilt das insgesamt gut 20 Kilometer lange Festungssystem als eines der umfassendsten in Europa. Doch die etwa vierstündige Rundtour auf etwa zwölf Kilometern zu einigen der Festungen liefert nicht nur einen Einblick in ein interessantes Geschichtskapitel, sondern bietet auch ein unerwartetes Naturerlebnis in einem Naturschutzgebiet oberhalb der City. Nahezu magisch ist die Wanderung im Frühling, wenn unzählige Blumen nach dem Win-

An einem einzigen Tag die Festungen oberhalb Genuas besuchen, eine neue Perspektive auf die City genießen, Berg-Feeling tanken und mit einer historischen Eisenbahn fahren – hierfür geht es zunächst einmal hoch hinauf in die genuesischen Hügel.

terregen zu sprießen beginnen und sich Hunderte oder Tausende von Schmetterlingen an den Blüten erfreuen.

Bereits die Terrasse der Seilbahn in Righi versorgt Ankömmlinge mit einem ersten Weitblick über Genua und das Meer, bevor die Tour in Richtung des Observatoriums von Righi beginnt. Kurz hinter der Forte Castellaccio zeichnet sich schon die nächste am Horizont ab – die Festung Sperone auf etwa 450 Meter Höhe. Schnell erscheint Genua wie eine winzige

Im Parco delle Mura

Spielzeug-Stadt tief unten, und das inständige Sirenengeheul und Gehupe macht Vogelzwitschern und dem Säuseln des Windes Platz. Der hier empfohlene Weg führt weiter zum kleinen Forte Puin, auf einem lohnenswerten Abstecher zum einsamen Forte Fratello Minore, mit krönendem Abschluss am mächtigen Forte Diamante auf 660 Metern. Es geht immer den Schildern nach (rot-weiß gestreift mit rotem Kreis darunter) durch eine teils alpin anmutende Landschaft. Kleiner Tipp: Obwohl man gerade nach dem Forte Sperone immer häufiger Wegweiser findet, kann

es nicht schaden, eine App mit zuverlässigen Wegmarkierungen auf dem Handy zu haben – bei den Recherchen wurde die für Outdoor-Aktivitäten praktische App maps.me genutzt, die überall beim Wandern in Liguriens Natur wertvolle Arbeit leistete.

Weitblick vom Wanderweg zwischen den Festungen

Die wichtigste aller genuesischen Festungen war die dreistöckige Forte Sperone in Form einer eckigen Bastion, die an einen Schiffsbug erinnert. Sie überblickt das Val Polcevera sowie das Val Bisagno und ist von einem Graben umgeben. Leider sind die meisten Festungen nicht für Besucher zugänglich bzw. verschlossen, und wer darauf halbnackte Jugendliche erspäht, darf sicher sein, dass diese sich für ein Stelldichein eingeschlichen haben!

Von allen Festungen ist die kleinste, Forte Puin, um 1815 erbaut, am besten erhalten. Wer etwas mehr Zeit mitbringt, sollte einen Abstecher zu den Ruinen der Forte Fratello Minore unternehmen (der Festung des kleinen Bruders), die auf dem Monte Spino thront. Sie ist als einzige auf dieser Tour frei zugänglich, und im halb zerfallenen Hof lässt sich im Schatten eines Baumes ein idyllisches Picknick machen. Den hübschesten Namen trägt fraglos die 1756 errichtete und besonders imposante Forte Diamante, die ebenfalls die schönste Aussicht über Genua und die gesamte Hügellandschaft bietet.

Forte Fratello Minore

Für die Rückkehr nach Genua führt ein steiler, teils rutschiger Weg hinab ins Tal (hier sind Wanderstöcke äußerst praktisch!) und zur Bahnstation Campi: Dort verkehrt die historische Casella-Eisenbahn (Ferrovia Casella) mit ihren kleinen bunten Waggons. Sie verbindet seit 1929 den Stadtteil Casella tief in den Hügeln auf nur 25 Kilometern und mit einer Höchstgeschwindigkeit von 30 Kilometer in der Stunde mit Piazza Manin im Herzen Genuas. Von den bunten, historischen Waggons aus eröffnet sich ein einmaliger Ausblick auf die wilde Natur in Genuas Hinterland und auf den letzten sechs Kilometern über die Stadt selbst und das Meer. Achtung: Man sollte sich vorab über den Fahrplan informieren oder aber eine längere Wartezeit im Bahnhofscafé von Campi mit leckerem Cappuccino und ebenso köstlichen Croissants auf sich nehmen, denn die Bahn verkehrt nur wenige Male am Tag!

Info

Lage: auf gut 400 bis 600 Metern oberhalb von Genua

An und Abreise:
- Funicolare Zecca-Righi: Mura delle Chiappe 50; nächste Metro-Station: Darsena
- Trenino die Casella: für den Rückweg von der Station Campi bis Piazza Manin in der Innenstadt, *visitgenoa.it/il-trenino-di-casella*

Es empfiehlt sich, entweder mit der Seilbahn Zecca-Righi bis Righi nach oben zu fahren und mit der Casella-Eisenbahn ab der Station Campi zurück (wie hier beschrieben) – oder genau anders herum. Beginnt man in Campi, steht sogleich ein sehr steiler Anstieg zum Forte Diamante an, dafür geht es aber danach stets bergab. Von Righi aus sind die Anstiege etwas gemäßigter, mit einem steilen Abstieg nach Campi am Ende.

Zur Route: ca. zwölf Kilometer meist ausgeschilderter Weg, Gehzeit etwa vier Stunden, wenn man viele Fotos macht länger. Manche Abschnitte sind recht steil, insgesamt lässt sich die Strecke aber problemlos begehen und erfordert keine besondere Kondition.

Beginnt man die Wanderung in Righi, wendet man sich nach dem Observatorium in Richtung Via del Peralto, um an der Forte del Castellaccio vorbei zur Forte Sperone zu gelangen. In der Ostaia Du Richetto am Forte del Castellaccio kann man sich gut noch einmal mit Focaccia und Kaffee stärken.

8 Staglieno

EIN FRIEDHOF ALS MUSEUM

Wüsste man es nicht, würde man es kaum glauben: Wer in Genua beeindruckende Marmorskulpturen aus dem 19. und frühen 20. Jahrhundert sehen möchte, geht nicht ins Museum, sondern auf den Friedhof. Kein Wunder also, dass der etwa einen Quadratkilometer große, 1851 eröffnete Cimitero Staglieno eher als Freilichtmuseum bezeichnet wird. Architekt des außergewöhnlichen Geländes war der Genueser Carlo Barabino, der für sein Werk einen neoklassizistischen Stil wählte. Er sorgte für Gartenpfade, unter anderem durch den Boschetto Irregolare (das unebene Wäldchen), inspiriert von römischen Gartenmustern, für Kreuzgänge und sogar für eine Reproduktion des Pantheons in Rom.

Mit den Jahren und immer mehr Gräbern kamen die heute an vielen Stellen zu bewundernden Marmorskulpturen hinzu, von weinenden Engeln und trauernden Witwen, aber auch von lebensgroßen Figuren Verstorbener, wegen ihrer Realitätsnähe oft als „sprechende Statuen" bezeichnet. Besonders beliebt ist die ebenfalls lebensgroße Statue einer Nussverkäuferin vom Land,

Einen halben Tag freiwillig auf einem Friedhof verbringen? Lohnt sich in Genua auf jeden Fall, denn dessen Cimitero Staglieno ist einer der größten Friedhöfe Europas und berühmt für seine Monumentalskulpturen. Oftmals wird er sogar als riesiges Freilichtmuseum bezeichnet, das schon VIPs wie Nietzsche, Hemingway, Mark Twain und Kaiserin Sisi begeisterte.

Der Friedhof von oben

Caterina Campodonico, die ihr Geld sparte, um ihr Abbild nach ihrem Ableben aus Marmor entwerfen zu lassen – wobei die Skulptur natürlich auch einige Walnüsse in der Hand hält.

Mittlerweile ist der Friedhof mit über 117.000 Gräbern so weit verzweigt, dass man einen Plan braucht, um sich nicht zu verlaufen und um seine persönlichen Highlights aufzusuchen, und es gibt sogar regelmäßige Friedhofsführungen. Dabei ist das Gelände nicht nur für jeden beliebigen Touristen interessant, sondern animierte bereits viele bekannte Persönlichkeiten zum Besuch, von Friedrich Nietzsche über Ernest Hemingway, der den Friedhof als „eines der Weltwunder"

Grabengel

Statua della Fede

bezeichnete, bis zu Mark Twain. Letzterer ließ sich nach dem Friedhofsbesuch zu der Aussage „Wir werden uns noch an den Friedhof erinnern, wenn wir die Paläste schon vergessen haben" hinreißen. Selbst Musiker Peter Hook von Joy Division war von dem Friedhof angetan: Schaut man sich das Cover des Albums

„Closer" der Band an, ist das Motiv des Grabs der Familie Appiani vom Friedhof Staglieno erkennbar.

Selbstverständlich liegen auf dem Cimitero auch einige Berühmtheiten begraben, darunter der genuesische Liedermacher Fabrizio De André und Enrico Alberto d'Albertis, der frühere Besitzer des gleichnamigen Castello mit Museum (siehe Tipp 6, Seite 48), aber auch Oscar Wildes Gattin Constance Lloyd.

Der große britische Einfluss auf Genua Ende des 19. Jahrhunderts zeigt sich in einem separaten britischen Friedhof innerhalb des Geländes, wo Gefallene im Dienst Großbritanniens aus den beiden Weltkriegen ihre letzte Ruhe fanden. Darüber hinaus sind auf dem Cimitero Staglieno Menschen verschiedener Nationen und Religionen nach ihrem Tod vereint, unter anderem verteilt über die protestantischen, orthodoxen, jüdischen oder muslimischen Abschnitte. Da gibt es die ganz kleinen Gräber und die ganz großen, mehrstöckigen Mausoleen – für jeden den Platz, den er sich gewünscht hat oder für den das nötige Kleingeld da war.

Info

Lage: Piazzale Giovanni Battista Resasco, 16137 Genua

Anreise: Ab dem Zentrum fährt beispielsweise Bus 34 ab Via Roma (Haltestelle Via Roma 6 L.Go Lanfranco), gut 500 Meter von Piazza De Ferrari entfernt, bis zur Haltestelle Via Piacenza Cimitero Staglieno.

Führungen: *www.staglieno.comune.genova.it/node/1643*

Tipp: Zur besseren Orientierung empfiehlt es sich, die Karte herunterzuladen: *www.staglieno.comune.genova.it/it/contenuti/mappa-di-staglieno* oder eine App für iOS oder Android mit interaktivem Guide, die auch offline funktioniert (in Englisch oder Italienisch).

Website: *www.staglieno.comune.genova.it*

9 Boccadasse

DAS FISCHERDORF IN DER CITY

Ein Fischerdorf mitten in Genua? Gibt es! Es heißt Boccadasse, liegt östlich des Zentrums und gehört eigentlich zum schicken Stadtteil Genua Albaro. Ganz anders als in der Innenstadt reihen sich dort bunt bemalte Häuschen auf den Klippen aneinander, und der kleine Kieselsteinstrand hinter einer Bar, einer Gelateria und einem Restaurant, eignet sich wunderbar zum Entspannen.

Entspannen in der Bucht von Boccadasse

Läuft oder joggt man den Corso Italia hinunter, eine breite, stets gut frequentierte Promenade über dem Meer, könnte man die Abzweigung nach Boccadasse glatt verpassen, wenn man nicht davon wüsste. Zunächst folgt eine Badeanstalt am Corso Italia der nächsten, bis die Chiesa di Sant'Antonio di Padova erreicht ist. Diese ist leider oft geschlossen, aber sollte man das Glück haben, sie offen vorzufinden, gibt es im Inneren einige hübsche Gemälde und Skulpturen ortsansässiger Künstler zu bewundern.

Wer sich auf den kleinen Platz hinter der Kirche verirrt, traut kaum seinen Augen: Weiter unten erheben sich vor der Kulisse des blauen Mittelmeers und der Halbinsel von Portofino in weiter Ferne rostrot, grün und gelb gestrichene Häuser, vor deren Fenstern Wäsche im Wind flattert. Auf dem kleinen Strand davor versammeln sich an sonnigen Tagen schnell die ersten Sonnenanbeter, oder wer in der Nähe arbeitet, nimmt sich seinen Kaffee oder Cappuccino von der Bar direkt mit an den Kieselsteinstrand. Gerade an Wochenenden wird es oft richtig voll, denn mehr Meer in unmittelbarer Zentrumsnähe gibt es in Genua nicht.

Blick vom Corso Italia oberhalb von Boccadasse

Steigt man die Gasse zu dem winzigen Ortsteil hinab, der den Charme eines ligurischen Fischerdorfes versprüht, ist der Verkehrslärm des Corso Italia sofort vergessen, und das Gefühl stellt sich ein, weit außerhalb der Großstadt angekommen zu sein. Laut Legende geht dieser Teil Genuas sogar auf das Jahr 1000 zurück, als von einem Sturm an Land gespülte Fischer aus Spanien dort aufgeschlagen sein sollen. Man sagt Boccadasse nach, bis zum 14. Jahrhundert ein eigenständiges Dorf gewesen zu sein, bis es nach Genua eingemeindet wurde. Nachgewiesen wird der Ursprung des hübschen Fleckchens wohl nie, ebenso wenig wie dessen sonderbar klingender Name. Eine Theorie besagt, dass der Ort nach der Form des Golfs von Boccadasse benannt wurde, bocca d'aze, was Eselsmaul bedeutet.

So wenig schmeichelhaft das auch klingt, desto einladender sind die Lokale, die sich heute rund um die Bucht angesiedelt haben, darunter ein Restaurant, das (recht teure) lokale Gerichte serviert, eine mit Seemannsmotiven dekorierte Bar, La Strambata, in der es sich auch an ungemütlichen Wintertagen gut ein paar Stunden aushalten lässt, sowie eine Gelateria, die köstliches, hausgemachtes Eis anbietet. Wer es den Einheimischen gleichtun möchte, geht mindestens einmal zum Aperitif nach Boccadasse und genießt einen der leckeren Drinks von La Strambata am Strand, während sich das Meer langsam in Dunkelheit hüllt. Tipp: Der Po wird es einem nach spätestens einer Viertelstunde danken, wenn man eine schützende Unterlage mitgebracht hat, denn die Kieselsteine am Strand sind recht dick und nur bedingt gemütlich!

Und ist der Moment des Abschieds gekommen, lohnt sich zum Abschluss noch ein kleiner Spaziergang hoch zum Capo di Santa Chiara, von wo sich der schönste Blick auf Boccadasse von der anderen Seite eröffnet – sowohl über die historischen Häuser als auch auf das über Boccadasse emporragende (meist nicht zu besichtigende) Schloss im türkischen Stil.

Info

Lage: im Stadtteil Albaro östlich der Innenstadt, am Ende des Corso Italia

Anreise: Genua Sturla und wird regelmäßig von Regionalbahnen angefahren. Von dort ist es noch etwa einen Kilometer zu Fuß bis nach Boccadasse. Alternativ nimmt man beispielsweise ab Piazza della Vittoria Bus 15, 31 oder 42 und steigt am Corso Italia oberhalb von Boccadasse aus (Haltestelle De Gaspari 2/Boccadasse). Wer Lust auf einen ausgedehnten Spaziergang hat, kann aber auch einige Stationen früher aussteigen und einen Teil des Corso Italia entlanglaufen, bis Boccadasse erreicht ist.

Aktivitäten: Spaziergang, Fotoshooting vor der pittoresken Fischerdorfkulisse, Schlemmen in der Bar oder im Restaurant

Restaurant:
- Bar La Strambata: Piazza Nettuno 5r, 16146 Genua, Tel. +39 0108697002

10 Nervi

DA, WO GENUA AM SCHÖNSTEN IST

Genua Nervi, der östlichste Stadtteil von Liguriens Hauptstadt, hat den schönsten Bahnhof der Welt. Was sich komisch anhört, denn die meisten Bahnhöfe sind nicht besonders schön. Der von Nervi aber schwebt direkt über dem Meer, und ist Trenltalia in Richtung Genua Zentrum mal wieder verspätet, macht das gar nichts. Dann setzt man sich einfach auf eine Bank und starrt aufs Meer. Da kann es sogar stören, wenn sich doch plötzlich ein Zug ins Bild schiebt.

Fragt man Genueser nach dem schönsten Stadtteil Genuas, sind sich viele einig – am schönsten ist es in Nervi, am östlichen Stadtrand. Und am wärmsten noch dazu. Dort flaniert man auf einer palmengesäumten Strandpromenade über den Klippen, badet in einer geschützten Bucht oder genießt einen Kaffee oder Aperitif mit unverbautem Meerblick.

Allerdings empfiehlt es sich auch, den Bahnhof zu verlassen und in den schmalen Pfad nach links abzubiegen, der zur Passeggiata Anita Garibaldi führt, einer etwa zwei Kilometer langen Promenade über den Klippen. Bevor die Promenade erreicht ist, versteckt sich rechter Hand eine grüne Tür und dahinter eine Focacceria – für Neulinge meist nur erkennbar, wenn sich davor bereits eine lange Schlange gebildet hat. Wer ein wenig Geduld fürs Warten mitbringt, wird belohnt mit noch dampfender Focaccia mit Käse, Zwiebeln, Oliven oder anderen Kreationen, die einen wunderbaren Strandsnack abgibt.

Bahnhof von Genua Nervi

Ist die kleine Bahnunterführung hinter der Focacceria durchschritten, eröffnet sich das Mittelmeerpanorama wie auf einer
riesigen Leinwand und die Promenade beginnt. Sie klemmt auf
zehn bis 20 Meter Höhe zwischen dem rauen, grau-schwarzen
Felsgestein, das einen Großteil der ligurischen Küstenland-
schaft ausmacht, und den Hügeln des Hinterlandes. Die spitzen
Steinbrocken laufen zum Teil stufenförmig den leichten Wellen
entgegen, die sich an ihren Enden brechen. Bläulich grün schim-

mert das klare Wasser an
den tiefsten Stellen und
verführt besonders kälteun-
empfindliche Städter schon
ab Februar zum Baden. Viele
machen es sich auf halb-
wegs ebenen Stellen auf
den Felsen gemütlich und
springen einfach von dort ins
Wasser, aber Vorsicht – man
sollte sich ein wenig aus-
kennen und wissen, wo dies
ungefährlich ist!

Bucht von Capolungo

Auf der Passeggiata Anita Garibaldi

Biegt man nach links ab, geht es vorbei an einem Turm und an zwei Bars, eine oben auf der Promenade, eine unterhalb, inmitten der Klippen. Letztere ist ein Lieblingsspot der Genueser, um den Tag bei einem Aperitif ausklingen zu lassen. Das Ende der Promenade markiert in östlicher Richtung die kleine Fischerbucht Capolungo mit ihrem Kieselsteinstrand, wo sich an sonnigen Tagen und besonders an Sommerwochenenden gefühlt halb Genua versammelt, während die Fischerfrauen vor ihren Wohnungstüren Karten spielen. Obwohl der Ministrand zu keiner Badeanstalt gehört und kostenfrei ist, findet man dort eine Dusche und sogar eine Wasserpumpe, um die mitgebrachte Flasche immer wieder mit Trinkwasser aufzufüllen – ein seltener Luxus.

Zwischen Bahnhof und Capolungo, unweit der Bars, schmiegt sich links ein kleiner Laden mit großen Glasfenstern an die Felswand. Dort sitzt an schönen Tagen oft ein älterer Mann über einen Holztisch gebeugt, von dem ein Geruch nach frischer Farbe ausströmt. Es ist Giorgio, in den 70ern, der die Natur der ligurischen Küste auf natürlichen Untergrund malt – auf den berühmten Schiefer namens Ardesia, der auch viele ligurische Hausdächer ziert und unter anderem aus den Felsen unterhalb der Promenade gewonnen wird. Um seinen Zuschauern und potenziellen Kunden zu beweisen, wie robust Ardesia ist, lässt Giorgio gerne mal eines seiner Werke auf den Tisch fallen – und wie bei einem Zaubertrick bleibt die Platte stets vollkommen intakt. „Wenn Sie wissen wollen, wo es in Genua am schönsten ist, müssen Sie sich nur meine Bilder anzusehen, ein Reiseführer sagt Ihnen das nicht", gibt der fröhliche Giorgio jedem Besucher gerne mit auf den Weg. Ganz unrecht hat er nicht.

Café an der Promenade

Info

Lage: am östlichen Ende Genuas

Anreise: Ab Genua Piazza Principe und Brignole fahren regelmäßig Regionalbahnen in Richtung Nervi – ab Brignole dauert die Fahrt etwa 15 Minuten, ab Piazza Principe ca. zehn Minuten länger. Außerdem verkehren Busse von Genuas Zentrum nach Nervi, die allerdings die gesamte Küste abfahren und deutlich länger brauchen. Wer viel Zeit mitbringt und eine Küsten-Sightseeingtour von den Statteilen Sturla, Quarto und Quinto daraus machen möchte, kann Bus 15 von Genuas Piazza della Vittoria bis zur Haltestelle oberhalb des Bahnhofs Nervi nehmen, Fahrtdauer ca. 40 Minuten.

Aktivitäten: Flanieren auf der Promenade, Einkehren in einer Bar für einen Kaffee, ein Eis oder einen Aperitif; es gibt auch entlang der Promenade ein paar Restaurants, wo man zu Mittag oder Abend essen kann, u. a. oberhalb des Strandes von Capolungo oder wenige Hundert Meter rechts von der Bahnunterführung

Levante

Genuas Hinterland und Golfo Paradiso

Castelle della Pietra

Levante

Genuas Hinterland und Golfo Paradiso

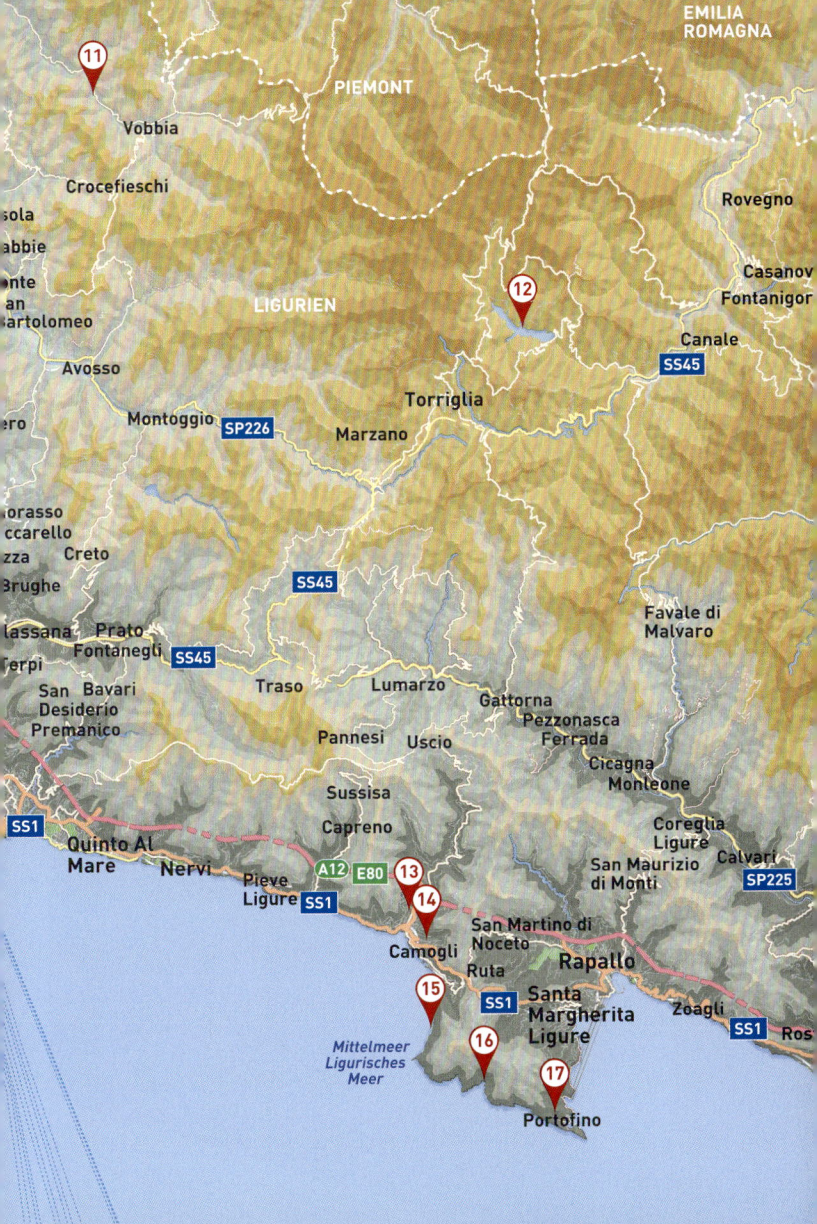

11 Castello della Pietra

DIE STEINBURG

Übersetzt heißt sie „die Burg aus Stein", und viel mehr ist die zwischen zwei sich hoch auftürmenden Felsen klemmende Festung wirklich nicht. Doch dabei ist sie nicht nur richtig fotogen, sondern auch ein wahres Mikroabenteuer – man erreicht sie nämlich nur bei einer Wanderung über eine steile Treppe.

Die Burg klemmt zwischen Felsen.

Nahezu senkrecht erheben sich Felstürme aus dichtem Wald, und auf den ersten Blick glaubt man, sich versehen zu haben: Da quetscht sich doch tatsächlich auf gut 520 Meter Höhe eine kleine Burg zwischen zwei hoch aufstrebende Felsen. Zu finden ist diese Festung unweit des Ortes Vobbia tief im ligurischen Hinterland, in einem nach der Gemeinde Vobbia benannten Tal. Wann genau das außergewöhnliche Steinbauwerk, das sich optisch perfekt an die Felsentürme rechts und links schmiegt, entstanden ist, ist bis heute nicht ganz klar, erste Quellen erwähnen allerdings das 13. Jahrhundert, und für Besucher ist sie erst seit Anfang der 1990er-Jahre geöffnet. Wer sie sehen möchte, muss ein wenig schwitzen, denn nach oben geht es nur über einen Wanderweg, mit einer steilen Treppe als krönendem Abschluss. Wer von der Landstraße hochläuft, braucht für die etwa 2,5 Kilometer in der Regel nicht länger als 20 Minuten. Bergsteigerische Fähigkeiten sind auch nicht vonnöten, ein wenig Grundfitness und Wanderlust reichen aus.

Die Burg thront im für Wanderungen beliebten regionalen Natur-park dell'Antola, und ein noch schönerer und längerer Weg führt von Torre di Vobbia über den sogenannten Sentiero dei Castellani.

Im Castello della Pietra

Dieser gut ausgeschilderte Pfad lässt sich in etwa 1,5 Stunden erwandern und führt nicht nur an der Schlucht des Vobbia-Baches mit wunderschönen Aussichtspunkten vorbei, sondern auch an zehn Hotspots zu Geschichte und Besonderheiten des Ortes. So

Die alten Mauern des Inneren

erfährt man unter anderem, wie im Tal Holzkohle produziert wurde und was die Bewohner aus Kastanien machen. Der erste Teil führt durch die felsigen Gebirgsausläufer mit Weitblick über die kleinen Häuser von Vobbia vom Wachturm aus, gefolgt von einem besonders warmen und trockenen

Abschnitt, wo unerwartet viele Sträucher und Pflanzen aus Kalkstein erwachsen. Gerade im Frühjahr zieren verschiedene Orchideenarten den Weg, die viele Schmetterlinge anziehen, bevor es hineingeht in einen verwunschen wirkenden, immer dichteren und kühleren Wald. Dem sogleich ein nahezu tropisch feuchtes Tal folgt, wo Farne gedeihen. Wohl an wenigen anderen Orten Liguriens lassen sich so viele verschiedene Landschaftsformen in so kurzer Zeit durchwandern. Und wer seine eigene Focaccia oder andere Leckereien fürs Mittagessen mitgebracht hat, kann diese am Ende der Tour auf einer gut ausgestatten Picknickfläche verzehren.

Die Burg selbst ist an bestimmten Tagen zu besichtigen, und der Aufstieg lohnt sich nicht nur wegen des Panoramas. Da gibt es unter anderem Zisternen, Verliese, Schlafkojen und einen großen Saal (gerade in den Sommermonaten manchmal Schauplatz von Vorführungen oder Ausstellungen) zu bewundern, und es macht richtig Spaß, sich zwischen den Felsen mal kurz wie „King oder Queen of my castle" zu fühlen.

Info

Lage: etwa 44 Kilometer nördlich von Genua; SP 8, 16010 Vobbia

Anreise: Von Genua mit der Regionalbahn nach Busalla und von dort weiter mit dem Bus bis Vobbia (Dauer gut 30 Minuten). Einfacher ist es jedoch, Vobbia mit dem Mietwagen zu erreichen.

Führungen: sollte man spätestens am Freitag vor Wunschtag buchen; Tel. +39 3351234728

Website: *www.parcoantola.it/pagina.php?id=47*

Hinweis: Der Sentiero dei Castellani beginnt in Vobbias Ortsteil Torre auf 490 Meter Höhe. Auf einer Informationstafel ist der gesamte Weg angezeigt und lässt sich problemlos verfolgen.

12 Lago del Brugneto

LIGURIENS GRÖSSTER SEE

Obwohl er nicht gerade nebenan liegt, ist auch der Lago del Brugneto wie das Castello della Pietra ein Teil des Parco dell'Antola, gut versteckt in den Wäldern des Trebbia-Tals. Wüsste man nicht, dass dieses ruhige Gewässer ab 1959 von Menschenhand angelegt wurde, und zwar zur besseren Wasserversorgung Genuas, würde man glatt glauben, den See hätte es schon immer dort gegeben. Mag die Natur den See zunächst als eine Art Störenfried empfunden haben, ist er mittlerweile umgeben von weiten Buchenwäldern und Wäldern voller Zerreichen, Eschen und Goldregen. Auch viele Tiere haben sich dort über die Jahrzehnte angesiedelt, darunter Füchse, Wiesel, Steinmarder, Igel, Schwarz- und Damwild, die sich mit etwas Glück erspähen lassen. Sieht man am Ufer Angler ihre Ruten auswerfen, so hoffen sie meist darauf, am Abend unter anderem eine leckere Forelle, einen Karpfen oder Barsch grillen zu können.

Auch wenn er künstlich angelegt wurde, ist der Lago del Brugneto mit seinen drei Kilometer Länge heute der größte See Liguriens. Er fügt sich mit seiner meist spiegelglatten, türkisfarbenen Oberfläche wunderbar in die umgebende, grüne Landschaft ein und ist gerade unter den Ligurern des Hinterlandes ein beliebtes Ausflugsziel zum Wandern und Picknicken.

Noch beliebter als zum Angeln ist der See bei den Einheimischen jedoch zum Spazierengehen oder Wandern, insbesondere auf dem vielseitigen Sentiero del Brugneto, einem

Weg von etwa 13,5 Kilometern rund um den See, der teils direkt am Ufer vorbeiführt, teils über Abhänge. Unterwegs kann man sogar noch auf manch kulturelles Relikt stoßen, wie die sogenannten keltischen Häuser mit Strohdächern und eine historische Mühle. Da der Pfad, markiert von einem durchgestrichenen gelben Kreis, größtenteils durch Wald führt, lässt es sich dort auch an sonnigen Sommertagen wunderbar laufen und die leichten Steigungen überwinden – von denen man sich am besten auf den zahlreichen Rastplätzen entlang des Weges entspannt, oft inklusive Grillmöglichkeit. Außerdem eröffnen sich immer wieder schöne Aussichtspunkte, nur eines gibt es leider nicht: Bademöglichkeiten, denn Baden ist im See untersagt!

Gut ausgeschilderter Wanderweg rund um den See

Wer an Legenden glaubt und Geschichten wie die des Monsters von Loch Ness liebt, der sollte auch beim Rundgang um den See das Wasser im Auge behalten. Ein Monster wird sich aus dem Lago del Brugneto zwar eher nicht erheben, laut dem Glauben mancher Einwohner wohl aber ein Kirchturm! Als der See angelegt wurde, mussten ihm nämlich die Ortsteile Frinti und Mulino weichen, das heißt, sie verschwanden unter Wasser. So entstand die Legende, dass bei Trocken-

Türkisfarbener See

Vom Rundweg eröffnet sich mancher Weitblick über den See.

heit und niedrigem Wasserspiegel die Spitze des Kirchturms von Frinti zum Vorschein kommt. Dass Frinti gar keine Kirche hatte, tat der Geschichte keinen Abbruch, auch nicht, dass zu Beginn des Jahrtausends Taucher nachforschten, ob sich unter Wasser nicht doch eine Kirche verbirgt – und nichts fanden. Trotzdem gibt es nach wie vor Leute, die manchmal einen Kirchturm aus dem See staksen sehen. Basta!

Achtung: In unmittelbarer Seenähe gibt es keine Verpflegungs- möglichkeiten – die nächste Ortschaft mit Restaurants, Bars, Cafés und Einkaufsmöglichkeiten ist das etwa 20 Kilometer ent- fernte Torriglia. Ein Besuch lohnt sich auch über die Verpflegung hinaus: Die Gemeinde mit gut 2200 Einwohnern überwacht eine Burg, die nach manchen Quellen schon um das Jahr 1000 ent- standen sein soll. Neben einer schmucken Kirche und hübschen Gassen wartet Torriglia mit einer süßen Spezialität auf: den Canestrelletti di Torriglia, Keksen in Form einer kleinen Marge- ritenblüte, mit denen man sich in den zahlreichen Konditoreien oder Bäckereien des Ortes eindecken kann.

Gemütliches Torriglia in 20 Kilometern Entfernung

*I*nfo

Lage: knapp 50 Kilometer nordöstlich von Genua

Anreise: Die Anreise mit öffentlichen Verkehrsmitteln gestaltet sich äußerst schwierig und langwierig, weshalb es sich empfiehlt, für den Ausflug einen Mietwagen zu nehmen (am besten für ein bis zwei Tage, um weitere Sehenswürdigkeiten im Parco dell'Antola zu erkunden, wie das Castello della Pietra).

Informationen Wanderung: Der beliebte Sentiero del Brugneto ist etwa 13,5 Kilometer lang und lässt sich in etwa sechs Stunden gemütlich erwandern, gesäumt von vielen gut ausgestatteten, schattigen Picknickecken mit schönem Seeblick. Man kann die Wanderung ab der Landstraße auf der rechten Uferseite wenige Hundert Meter vom Damm entfernt beginnen (im Navi am besten Diga del Brugneto eingeben, dann kommt man direkt zum Parkplatz) – ob mit dem oder gegen den Uhrzeigersinn, spielt keine Rolle. Sich zu verirren ist ausgeschlossen, denn der Weg führt rund um den See und ist markiert von einem durchgestrichenen gelben Kreis. Wer nur Zeit für einen Teil des Wegs hat, sollte sich für die Südseite entscheiden und möglichst bis zum Ende des zweiten Arms laufen, denn von dort eröffnet sich eine herrliche Aussicht zu beiden Seiten des Sees.

13 *Recco*

KÄSE-FOCACCIA UND FEUERWERK

„Wir fahren heute mal nach Recco" ist ein Satz, den man von Ligurien-Urlaubern normalerweise nicht hört – und von Ligurern selbst nur, wenn sie großen Hunger haben. Hunger auf Focaccia al formaggio, die ganz besondere Focaccia mit warmem, zerlaufenem Käse, wie sie nur die echten Backexperten aus Recco hinbekommen.

An sich ist der Küstenort Recco nichts Besonderes – keine bunten Häuser wie in Camogli, kein richtig schmucker Strand. Doch Recco hat etwas hervorgebracht, das die Gemeinde über die Grenzen Liguriens hinaus bekannt machte: Focaccia al formaggio, die überaus leckere Käse-Focaccia, eine echt ligurische Spezialität. Und jedes Jahr im September steigt dort das größte Feuerwerk Liguriens.

Natürlich gibt es Focaccia, sogenanntes „ligurisches Fladenbrot", von der Regionshauptstadt Genua bis in jedes noch so winzige Dorf im Hinterland. Im regionalen Dialekt heißt es „Fügassa", was „an der Feuerstelle gebacken" bedeutet, und dient den Ligurern als Frühstück, Snack oder Beigabe zum abendlichen Aperitif. Aber findet man andernorts köstliche Focaccia semplice, sprich einfach, ohne Belag, Focaccia mit Tomaten, Zwiebeln, Oliven oder anderen Toppings, so rühmt sich Recco schon seit dem 15. Jahrhundert mit der Erfindung der speziellen Käse-Focaccia. Dies war zur Zeit der Sarazenen, eines Volksstammes aus dem Nordwesten der arabischen Halbinsel, der nicht nur Ligurien häufig überfiel. Recco war als

Bucht von Recco

Küstenstadt ein Lieblingsziel der Räuber, und die Bewohner retteten sich ins Hinterland, wo sie an Essbarem vor allem Korn zur Produktion von Mehl fanden – und Kühe, sodass es ihnen auch an Milch und Käse nicht fehlte. Da kamen sie irgendwann darauf, eine Käse-Focaccia aus diesen einfachen Zutaten zu backen. Es dauerte jedoch bis nach dem Zweiten Weltkrieg, als die Wirtschaft wuchs und Recco mit seinem starken Wasserball-Team von sich reden machte, dass sich das Städtchen zur gastronomischen Hauptstadt Liguriens mauserte – mit Käse-Focaccia ganz oben auf den Speisekarten!

Eine der Lieblings-Focaccia-Bäckereien der Ligurer ist das alteingesessene Panificio Moltedo in Recco, das Ururgroßvater Moltedo 1874 gründete. Der heutige Inhaber, Ururenkel Lorenzo Moltedo, wurde bereits zwischen den Öfen groß und sah mit leuchtenden Kinder-

Lecker!

augen zu, wie aus Manitobamehl, Stracchino (ein Weichkäse aus Norditalien), nativem Olivenöl, Salz und Wasser Käse-Focaccia entstand.

Wer nun auf den Geschmack gekommen ist, ganz viel Käse-Focaccia schlemmen möchte, und das auch noch gratis, der kann am vierten Sonntag im Mai ein weiteres Mikroabenteuer in Recco erleben: Dann steigt dort nämlich die größte Focaccia-Party des

Focaccia al formaggio – Reccos Spezialität

Jahres in Ligurien. Um 30.000 bis 40.000 Hungrige zu füttern, bereiten sich sämtliche Focaccia-Bäcker der Stadt das ganze Jahr über vor. An diesem einen Sonntag pro Jahr stehen den Besuchern alle Bäckereien und Focaccerien Reccos offen. Morgens gibt es Focaccia genovese mit oder ohne Zwiebeln, am Nachmittag die heißersehnte Focaccia di Recco mit reichlich Käse.

Doch die Recchelini, wie sich die Einwohner Reccos nennen, zeigen nicht nur im Mai, dass sie feiern können: Jedes Jahr vom 6. bis 8. September haben die Feuerwerksmeister Reccos die Chance, ihr Handwerk zur Schau zu stellen, denn dann erleuchten die Fuochi di Recco den Nachthimmel, Reccos berühmtes Feuerwerk, das bereits seit dem 8. September 1824 Tradition ist. Gefeiert wird die „Madonna der Fürbitte" (Nostra Signora del

Suffragio), die Schutzpatronin Reccos. Um genau 3:30 Uhr des 8. Septembers wird man von Kanonenschüssen aus dem Schlaf gerissen, welche die Geburt der Jungfrau Maria verkünden und zur Frühmesse um 4:30 Uhr laden. Noch spannender ist allerdings die Prozession um 20:30 Uhr am Abend des 8. September, wenn eine Skulptur der Madonna im Takt der Kanonenschüsse durch die Straßen Reccos getragen wird, im Beisein von jeder Menge Feierlustigen.

Es ist ein einmaliges Volksfest mit Livemusik und vielen Ständen, wo man natürlich Käse-Focaccia bis zum Platzen schlemmen kann. Wer keine Lust hat, sich durch die Massen zu quetschen und das Feuerwerk in Dosenwürstchen-Position anzuschauen, hüpft stattdessen auf eines der Boote, die an den Feuerwerks-Abenden vom Hafen in Genua starten und ihren Passagieren erlauben, das Spektakel in Recco entspannt vom Wasser aus zu erleben – Reservierung empfohlen!

Lage: am Meer knapp 30 Kilometer östlich von Genua, unweit des Küstenortes Camogli

Anreise: per Zug ab Genua Principe oder Fuochi di Recco (Feuerwerk): jährlich vom 6. bis 8. September; sagradelfuoco.it

An und Abreise:

- Käse-Focaccia schlemmen, u. a. beim beliebten Panificio Moltedo: Leckere Käse-Focaccia bekommt man aber auch in vielen anderen Focaccerie oder in Restaurants mit Erster-Reihe-Meeresblick, wo die Köstlichkeit bis spät in den Abend serviert wird; Via Biagio Assereto 15, 16036 Resso
- Focaccia-Fest: vierter Sonntag im Mai
- Fuochi di Recco (Feuerwerk): jährlich vom 6. bis 8. September; *sagradelfuoco.it*

14 Camogli

DAS VORZEIGEDORF

In einem sind sich viele Ligurer mit Besuchern von außerhalb einig: Es gibt kaum ein schöneres Dorf als Camogli am sogenannten Golfo Paradiso. Und genauso paradiesisch ist auch das etwas großgeratene Fischerdorf selbst mit seinen hohen, bunten Häusern entlang der Strandpromenade, seinem recht langen Strand und schmucken Hafen, der ein beliebtes Fotomotiv abgibt.

Strand von Camogli

Kommt man am Bahnhof von Camogli an, was viele Besucher tun, da die Parkplatzsuche nervenaufreibend sein kann, geht es zunächst einmal über eine steile Treppe in die Tiefe – in jenen Teil Camoglis, der zu jeder Jahreszeit nicht nur Genueser und andere Ligurer anlockt, sondern ebenso viele Besucher aus ganz Italien und dem Ausland. Schon wenige Hundert Meter weiter beginnt die Strandpromenade mit ihren charakteristischen, mehrstöckigen Häusern in den schönsten Pastellfarben, die im unteren Bereich überwiegend Geschäfte, Bars oder Restaurants beheimaten. Sie überblicken den für ligurische Verhältnisse außergewöhnlich langen und breiten Kieselsteinstrand und das manchmal karibisch türkisfarbene, schlimmstenfalls aber tiefblaue Wasser, das in den Sommermonaten viele zu ganztägigem Badevergnügen verlockt.

Spaziert man die Promenade weiter hinab, erhebt sich direkt am Ufer auf einem Felsvorsprung die schmucke Basilica di Santa Maria Assunta aus dem 12. Jahrhundert, die ein wenig aussieht, als wäre sie mit den umgebenden Häusern

Pittoresker Hafen

verwachsen. An den Rücken der Basilika schmiegt sich die mittelalterliche Festung namens Castello della Dragonara (um 1130 erstmals erwähnt), von wo aus sich das schönste Foto von Camoglis kleinem Hafen, genannt Porticciolo, schießen lässt. Ab der Festung, die einst zur Verteidigung gegen Piraten diente, führt die schmale Via al Molo bis zum winzigen Leuchtturm Camoglis, ein beliebter Spot, wo sich Liebende zum Sonnenuntergang versammeln. Verliebt oder nicht, es gibt keinen schöneren Ort in dem Dorf, um hinter den Fischerbooten die sich auf dem ruhigen Wasser spiegelnden Fassaden der Häuser zu bewundern – möglicherweise beim Aperitif, wenn die Bar am Hafen, die ihre Tische entlang der Via al Molo verteilt, öffnet.

Von Camoglis Porticciolo legt ebenfalls die Fähre nach Punta Chiappa und San Fruttuoso und manchmal nach Portofino ab – aber gerade viele Erstbesucher bleiben meist in Camogli hängen, dessen Name den drei Begriffen „casa delle moglie", Haus der Ehefrauen, entspringt. Und die hatten früher wohl einiges Mitspracherecht, wenn es um den Häuserbau ging. Man sagt nämlich, dass Camoglis Häuser so hoch sind, weil sie bei der Geburt weiterer Kinder oftmals aufgestockt und um zusätzliche Zimmer erweitert wurden.

Fassaden entlang der Meerespromenade

Das Beste an Camogli: Der Ort ist nicht nur auf den ersten Blick ein Augenschmaus, sondern auch auf den zweiten. Schaut man nämlich genau hin, kann man in dem Dorf so viele der typisch ligurischen aufgemalten Fassaden (siehe Kuriositäten Liguriens, Seite 14) erkennen wie kaum anderswo. So sind etliche Fenster, Fensterläden und Stuck nicht mehr als optische Täuschung, darunter an der Piazza Cristoforo Colombo Nummer 13, neben der Basilica di Santa Maria Assunta, oder in der Via San Fortunato 1 im Porticciolo – beides Werke der noch immer aktiven Künstlerin Raffaela Stracca.

Wer das Glück hat, den zweiten Sonntag im Mai vor Ort zu sein, erlebt ein zusätzliches Mikroabenteuer der kulinarischen Art: Dann steigt in Camogli nämlich die italienweit bekannte „Sagra del Pesce", das große, seit 1952 jährlich gefeierte Fischfest. Dazu wird in einer riesigen Pfanne von mehreren Metern Durchmesser Fisch für alle gekocht, und das auch noch kostenlos!

Info

Lage: ca. 25 Kilometer östlich von Genua, am Golfo Paradiso

Anreise: Zwischen Genua und Camogli verkehren regelmäßig Regionalbahnen, die etwa 40 Minuten brauchen. Nach Verlassen des Bahnhofs hält man sich kurz rechts und steigt dann linker Hand die steile Treppe hinab, die zur Uferpromenade führt. Gegenüber dem Bahnhof gibt es einen Parkplatz, falls man mit dem Auto anreist, doch der ist meistens (vor allem in der Hauptsaison) überfüllt, und die Parkplatzsuche in den Nebenstraßen erfordert viel Geduld.

Aktivitäten: Dorfbummel, Shoppen in den kleinen Boutiquen, Schlemmen in einem der Restaurants, Aperitif mit Blick über Strand oder Hafen, Besuch der Basilika und der Festung, Spaziergang zum Leuchtturm, Bootsausflug nach Punta Chiappa oder San Fruttuoso ab dem Hafen

Hinweis: Die Focacceria Revello an der Strandpromenade ist ligurienweit bekannt für ihre besonders leckere Focaccia, die sich wunderbar als Strandsnack eignet! Via Giuseppe Garibaldi 183, 16032 Camogli, Tel. +39 0185770777, *revellocamogli.com*

15 Punta Chiappa

LIGURIENS SCHÖNES HINTERTEIL

Vorschnell übersetzt heißt sie „Pobackenpunkt" – Punta Chiappa, die raue Spitze der Halbinsel von Portofino mit Weitblick über den Golf von Genua. Zwar sind die von Wind und Meer zerfurchten Klippen dort alles andere als bequeme Liegeflächen, doch das macht der Ort durch Bademöglichkeiten in klarem, tiefem Wasser wieder wett. Und durch Stille sowie manch wilde Ziege, die vorbeischaut.

Hört man, dass eine saloppe Übersetzung von Punta Chiappa aus dem Italienischen „Pobackenpunkt" lautet, klingt das erst einmal wenig romantisch. Doch fast jeder Ligurer weiß, dass „chiappa" nichts mit irgendeinem Hinterteil zu tun hat, sondern in ligurischem Dialekt „hervorstehender Fels" bedeutet, aber auch „flach" oder „eben". Das klingt logisch, denn der Ort ist nicht mehr als eine vom Meer umspülte Felsspitze zwischen zwei beliebten Touristenzielen: Camogli auf der einen und San Fruttuoso auf der anderen Seite der Halbinsel von Portofino. Wer nicht ab Camogli über eine Stunde bergauf und bergab wandern möchte, nimmt das Ausflugsboot. Das verkehrt fast stündlich – zumindest in der Sommersaison – zwischen Camogli und San Fruttuoso und hält nach etwa 15 Minuten auch in Punta Chiappa. Schade, dass die meisten Touristen den vereinzelten Einheimischen nur kopfschüttelnd nachsehen, die vollbepackt mit Badetaschen, dicken Matten und Tüten voller Proviant an diesem öden Steinfelsen mitten im Meer aussteigen. Was tun die dort bloß?

Nun, es gibt Leute, die haben genug von den unzähligen ölig braunen Menschenleibern, die an Liguriens winzigen Stränden Arm an Arm in der Sonne grillen und sich im Gleichtakt alle zehn Minuten auf der Zielgeraden zu optimaler Sommerbräune wenden. Wer statt Schweißgeruch die Meeresbrise genießen und statt in von Sonnencreme öligem Meer in glasklarem Wasser baden möchte, der verlässt in Punta Chiappa das Boot. Ja, die unebenen Steine können schon mal in Rücken oder Bauch drücken, wenn man sich auf ein gewöhnliches Handtuch legt, aber dafür klatschen die Wellen lauter

Steile Stufen hinab zur Badestelle

gegen die Klippen, als die wenigen Besucher sprechen, und vor den Augen fläzt sich das ligurische Meer der Sonne entgegen, mit Genua und der gesamten Ponente-Küste als Kulisse.

Es fühlt sich an wie die letzte Grenze zwischen Land und Meer. Felsen fallen rechts und links eines schmalen, holperigen Pfades zum Wasser ab. Wer baden möchte, findet rechter Hand Stufen, die tief hinabführen zu einer kleinen Plattform direkt über dem Meer – kleine Kinder und Nichtschwimmer sollten sich vorsehen, alle anderen stürzen sich in das Wasser, so klar, dass man sogar unter der Wasseroberfläche treibende Quallen aus mehreren Metern Entfernung erkennen kann. Zurück an Land hilft ein dickes Seil, das extra für Schwimmer an einem Felsvorsprung vertäut wurde.

„Wenn ich hier bin, warte ich immer darauf, dass ein Leguan aus den Felsen hervorspringt", erzählt eine genuesische Besucherin, die sich in Punta Chiappa immer an die Galapagos Inseln erinnert fühlt. Der Ort habe eine fast noch ursprüngliche Schönheit, und davon gebe es in Ligurien nicht mehr viele. Leguane werden sich zwar eher nicht zeigen, dafür aber spielende Katzen. Und sollte es irgendwann penetrant nach Ziege riechen, vor allem beim Spaziergang durch das Waldstück zurück zum Bootsanleger,

Punta Chiappas Bewohner: wilde Ziegen

dann heißt es genau hinschauen: Wahrscheinlich spaziert da gerade eine der wilden Ziegen durchs Gebüsch, die in Punta Chiappa leben und ihr Wohnzimmer geduldig mit Besuchern teilen.

Wer den magischen Ort ganz für sich haben möchte, wartet ab, bis das letzte Boot am frühen Abend abgefahren ist und macht sich später zu Fuß auf den Rückweg nach Camogli. Denn dann lässt sich in aller Ruhe beobachten und spüren, wie die Sonne hinter dem bergigen Hinterland versinkt und Punta Chiappa noch mehr zu einem Flecken wahrer Wildnis und Einsamkeit wird. Dank des Meeres, das den Untergrund niemals ganz glatt lutscht, dank fehlender Strände und einer ordentlichen Portion Unwirtlichkeit, die diesem Ort vielleicht bereits seit Millionen von Jahren innewohnt.

Info

Lage: an der Spitze der Halbinsel von Portofino, zwischen Camogli und der Bucht von San Fruttuoso

Anfahrt per Boot: Zwischen Camogli und San Fruttuoso verkehrt regelmäßig (zumindest in der Sommersaison) ein Ausflugsboot, das auch in Punta Chiappa hält (ab Camogli etwa 15 Minuten). Von dort ist man nach wenigen Minuten Fußweg durch ein Waldstück (auch mit Flipflops begehbar) an der Landspitze; *golfoparadiso.it/linee-turistiche*

Wandern: Wanderer können den Weg von Camogli hoch nach San Rocco und weiter entlang des schmalen Küstenweges nehmen (Dauer: ca. 1,5 Stunden, kann aber dank vieler wunderschöner Ausblicke und Fotosessions auch länger dauern). Nach dem Bahnhof von Camogli hält man sich an der Polizeiwache rechts und folgt dem Holzschild mit gelber Aufschrift „S.Rocco". Der schweißtreibende Anstieg über viele Treppenstufen führt vorbei an gemütlichen Dorfhäusern hoch in den 200-Seelenort San Rocco mit Traumblick über die gesamte Küste. Wer noch Futter fürs Picknick braucht, kann sich in der Bäckerei von San Rocco mit Focaccia oder Farinata eindecken. Weiter geht es durch Olivenhaine und vorbei an der Kirche von San Nicolò di Capodimonte aus dem XII. Jahrhundert. Das letzte Stück Pfad in Richtung Landspitze säumt ein von hellen Fischernetzen überzogenes Geländer, danach führt ein kleines Waldstück zur Landspitze.

16 San Fruttuoso

DIE VERSTECKTE BUCHT

Vom Land aus ist sie von nirgendwo sichtbar – San Fruttuoso in einer Bucht an der Spitze der Portofino-Halbinsel. Dabei steckt die winzige Gemeinde voller Überraschungen – neben einem Kloster, Turm und Strand wartet dort auch noch Jesus Christus höchstpersönlich! Der sich allerdings unter Wasser verbirgt und nur Taucher empfängt.

Schaut man sich ein Bild von San Fruttuoso auf einer Postkarte an, ist das Wichtigste eigentlich schon verraten: In einer
malerischen Bucht, zwischen bewaldeten Hügeln im Rücken
und einem kleinen Kieselsteinstrand, den das Meer umspült,
klemmt das berühmte Kloster von San Fruttuoso und auf einer
Anhöhe thront ein Turm. Das ist im Prinzip alles, was die winzige
Gemeinde mit wenigen, etwas verblichenen Häusern zu bieten
hat, doch bekanntlich ist weniger mehr. Schon der Umstand, dass
die Bucht nur per Boot oder zu Fuß von Camogli oder Portofino
erreichbar ist und es dort keine Autos oder Scooter gibt, macht
einen Großteil ihres Charmes aus.

Kein Wunder, dass dieser abgeschiedene Ort optimal dafür
erschien, im 13. Jahrhundert ein Benediktinerkloster zu gründen,
die Abbazia di San Fruttuoso, nachdem dort bereits im 10. Jahrhundert griechische Mönche ein Kloster errichtet hatten. Heute
öffnet die Abbazia an zwei Tagen die Woche für Besucher. Beson-

Kleiner Strand von San Fruttuoso

San Fruttuoso

ders hübsch anzuschauen ist die mittelalterliche Kirche, die am Hauptaltar auch die Reliquien der Märtyrer Fruttuoso, Augurio und Euologio beherbergt. Die Kuppel ist dekoriert mit 17 kleinen Bögen, die aus dem Stein der umliegenden Hügel stammen. Zu dem Komplex gehört auch ein Museum, der Geschichte des Klosters gewidmet. Eine Besichtigung vervollständigt ein Abstecher zum Kreuzgang und der Grabstätte der mächtigen Adelsfamilie Doria im untersten Stockwerk, mit sieben Gräbern aus weißem Marmor und grauem Stein. Nach dieser Familie ist auch die Torre Doria von San Fruttuoso aus dem Jahr 1562 benannt. Von dort aus wollte man die Bucht vor Überfällen vom Meer schützen, unter anderem vor korsischen Barbaren.

Ein weiteres Highlight der Bucht, das dagegen nur wenige sehen, ist der sogenannte Cristo degli Abissi, eine 2,5 Meter hohe Christusstatue mit hoch erhobenen Armen und dem Blick gen Himmel, bzw. eher zur Wasseroberfläche, denn die Skulptur steht seit 1954 mitten im Meer, in etwa 17 Metern Tiefe, und ist daher nur mit Taucherausrüstung zu besuchen – und höchstens an

Tagen, wenn das Wasser mal ganz klar ist, mit Schnorchelmaske auszumachen. Doch warum steht dort ein Christus im Wasser? Er wurde zu Ehren von Dario Gonzatti aufgestellt, angeblich dem ersten Italiener, der Atemgeräte zum Tauchen anwandte, und der 1947 an genau dieser Stelle ums Leben kam. Was Tauchbegeisterte nicht davon abhält, dort manchmal spektakuläre Unterwasserhochzeiten zu feiern!

Hat man die kulturellen Must-sees von San Fruttuoso ausgiebig erkundet, ist Entspannen und Schlemmen – oder zumindest ein Drink – in einer der Bars am Ufer angesagt, was auch außerhalb der Hauptsaison Spaß macht, wenn das Wasser bereits oder noch zu kalt zum Baden ist.

Info

Lage: in einer Bucht auf der Halbinsel von Portofino, zwischen Punta Chiappa und Portofino

Anfahrt per Boot: Zwischen Camogli und San Fruttuoso verkehrt, zumindest in der Sommersaison, regelmäßig ein Ausflugsboot, Dauer etwa 30 Minuten; *golfoparadiso.it/linee-turistiche*

Wandern: Wanderer können San Fruttuoso ab Camogli oder Portofino auch auf gut ausgeschilderten – aber teils steilen – Wegen erreichen. Dauer ab Camogli ca. 2,5 Stunden, ab Portofino ca. zwei Stunden.

Aktivitäten: Besuch des Klosters und des Turms, Baden, Schnorcheln/Tauchen zur Christusstatue, Entspannen in einer der Bars
- Abbazia di San Fruttuoso: *fondoambiente.it/luoghi/ abbazia-di-san-fruttuoso*

Hinweis: Aufgrund der abgeschiedenen Lage ist alles Essen und Trinken in San Fruttuoso relativ teuer. Wer das Geld sparen möchte, sollte etwas mitbringen, beispielsweise leckere Focaccia aus Camogli.

17 Portofino

LUXUS UND NATUR IN EINEM

Wer in Portofino ein Eis essen möchte, wird sich die Kalorien eventuell freiwillig ersparen – denn ein Gelato ist dort mindestens doppelt, wenn nicht sogar drei Mal so teuer wie in anderen Küstenorten. Von einem richtigen Mittag- oder Abendessen mit Primo und Secondo Piatto oder einem Aperitif ganz zu schweigen. Warum zieht es also trotzdem so viele Menschen in das winzige Portofino, das sich in eine Bucht kuschelt? Postkartentaugliche bunte Häuser zwischen Meer und grünen Hügeln gibt es schließlich auch anderswo. Den ganz besonderen Reiz gerade dieses auf einer Halbinsel verborgenen Ortes macht jedoch dessen Lage aus – fernab von allem, mit einem Naturschutzgebiet im Rücken und einem Meeresschutzgebiet vor den Toren. Daher ist das Dorf ein beliebter Ausgangspunkt für Wanderungen zur winzigen Kirche San Sebastiano oben in den Hügeln, zur Riserva Idrica Vessinaro, einem Feuchtgebiet, nach San Fruttuoso oder Punta Chiappa. Ganz fitte Wanderer zieht es sogar über die gesamte Portofino-Halbinsel bis nach Camogli, wobei sich die vielfältige Fauna und Flora mit unzähligen Oliven-, Pinien- und Zypressenhainen Stück für Stück offenbart.

Kein anderer Ort in Ligurien steht so sehr für Luxusboutiquen und unvorstellbar teure Jachten wie das kleine Portofino. Doch das Dorf mit angeblich nicht einmal 500 Einwohnern heißt auch Besucher mit weniger prallen Portemonnaies willkommen – mit seinen die Bucht einrahmenden, bunten Häusern und der umgebenden Natur, einem Eldorado für Wanderer.

Chiesa San Martino

Wer stattdessen lieber in dem Bildberbuchdorf selbst verweilt, tut es VIPs wie Frank Sinatra oder Sophia Loren gleich, die Portofino schon vor vielen Jahrzehnten für sich entdeckten, nämlich ab den 1950er- und 1960er-Jahren. Und wer beim Bummeln zufällig Silvio Berlusconi über den Weg läuft, braucht sich ebenfalls nicht zu wundern, denn dessen Jacht ankert so manches Mal vor der Kulisse der wie frisch geschminkt aussehenden Häuschen. Verständlich also, dass sich Portofino problemlos mit Schickeria-Orten wie Nizza oder Monaco messen kann! Ein weiterer Unterschied zu vielen anderen Dörfern: Die Läden verkaufen weniger Souvenirs made in China und bedruckte T-Shirts und mehr Tragbares von Armani, Prada oder Gucci, seien es nun Klamotten oder Handtäschchen. Um diese zur Schau zu tragen, stolziert man anschließend über die Piazzetta, den Hauptplatz, oder nippt dort an einem Cappuccino, der mehr kostet als eine Fahrt auf mittellanger Strecke mit TrenItalia.

Blick auf Portofino

Für wen Geld keine Rolle spielt, der nächtigt mit schönster Sicht über Portofino, in hochgepriesenen Adressen wie dem Belmond Hotel oder dem Splendido Mare, wo Urlaub in Luxussuiten und mit jeder erdenklichen Spa-Behandlung auf dem Programm steht. Wer dafür kein Kleingeld übrig hat, bekommt zumindest einen Traumblick für sehr viel weniger Geld – vom Castello Brown aus dem Jahr 1000 (oder um die Drehe erbaut) hoch über dem Dorf, inklusive hübschem Park. Neben dem Weitblick hat die Festung Kunstausstellungen zu bieten.

Weitere Highlights Portofinos sind die schmucke Kirche San Giorgio von 1154 unweit des Hafens sowie die älteste Dorfkirche, Divo Martino, die etwa seit 986 an dieser Stelle steht. Einen zusätzlichen Ausblick garantiert der Leuchtturm Faro di Portofino mit Oratorium, Santa Maria Assunta, aus dem 14. Jahrhundert. Wer baden möchte, ist in Portofino allerdings an der falschen Adresse, denn die felsigen Buchten eignen sich eher als Ausgangspunkt von Bootstouren als für entspanntes Schwimmen, und die wenigen Kieselsteinstrände sind nur mit Mühe über steile Treppen erreichbar.

Promenade zum Shoppen und Schlemmen

Info

Lage: an der südlichen Spitze der Halbinsel von Portofino, zwischen Punta Chiappa und Portofino, ca. 35 Kilometer von Genua entfernt und fünf Kilometer südlich des Badeortes Santa Margherita Ligure

Anfahrt: Z. B. ab Genua mit der Bahn bis Santa Margherita Ligure (mit einem Regionalexpress ca. 30 Minuten) und von dort weiter mit Bus 782 bis Portofino (knapp 20 Minuten). Da die Parkmöglichkeiten vor Ort knapp sind, ist es empfehlenswert, mit den öffentlichen Verkehrsmitteln anzureisen. In der Hochsaison gibt es auch Ausflugsboote ab Genua oder Camogli bis Portofino; golfoparadiso.it/linee-turistiche

Aktivitäten: Flanieren durch den Ort, Shoppen in den Boutiquen, Fotoshooting mit dem Bilderbuchpanorama am Hafen, Besuch des Castello Brown, der Kirchen oder des Leuchtturms
- Castello Brown: Via alla Penisola 13, 16034 Portofino, Tel. +39 3358371156, *castellobrown.com*
- Wandern: Wanderer finden ab Portofino viele gut ausgeschilderte Wanderwege über die Halbinsel, u. a. bis nach San Fruttuoso und Punta Chiappa; *parcoportofino.com/sentieri/sanfruttuoso.html*

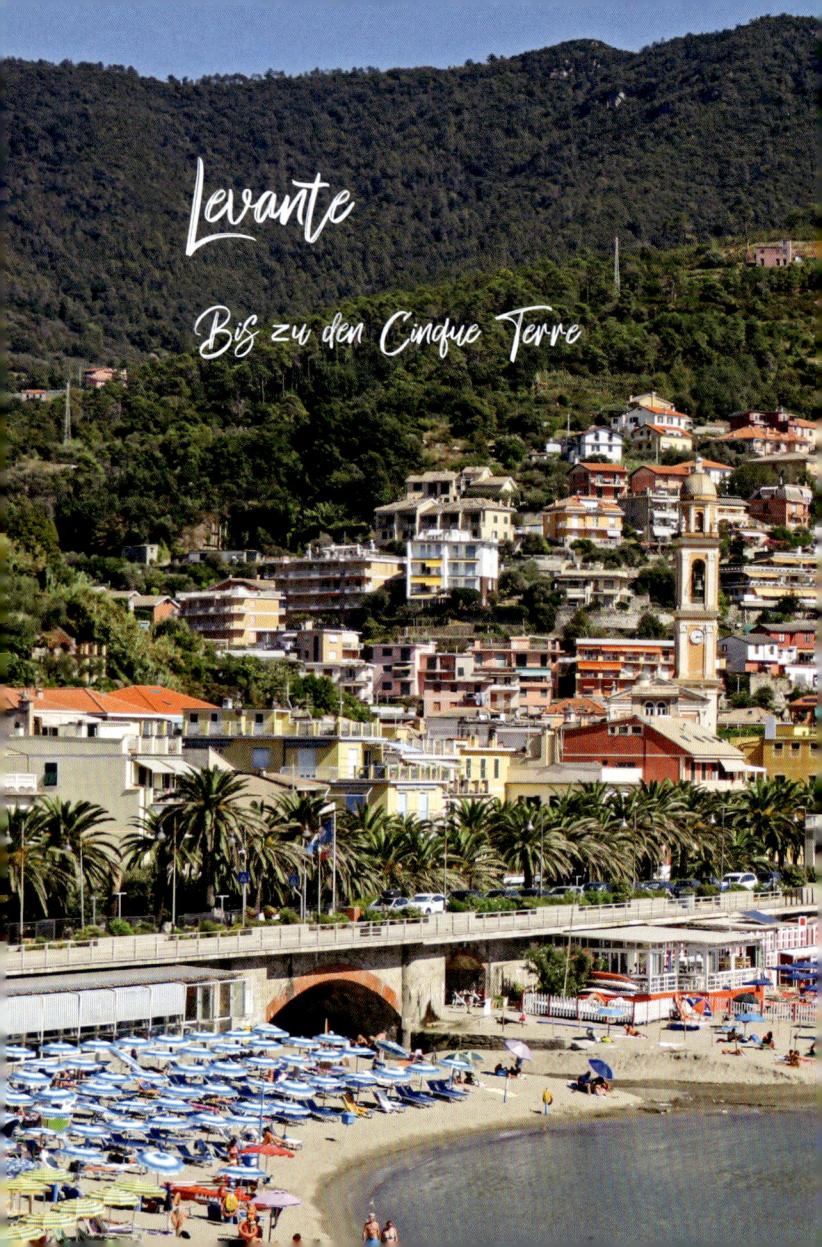

Levante

Bis zu den Cinque Terre

Moneglia

Levante

Bis zu den Cinque Terre

18 Zoagli

DER STILLE ORT

Manchmal ist es genau das, was man sich wünscht – nicht den spektakulärsten Ort, wo jeder Winkel fotografiert werden will, sondern einen Ort von Schönheit auf den zweiten Blick und Stille. Ein solcher ist das kleine Zoagli mit seiner Promenade über den Felsen. Wer das Dorf mag, teilt diese Meinung unter anderem mit Friedrich Nietzsche.

Blick auf Zoagli

Wer eine Menge Shopping- und Ausgehmöglichkeiten sucht sowie belebte Strände, der ist in Zoagli total falsch. Das Dorf zwischen Rapallo und Chiavari ist eher unscheinbar und fällt bei vielen Besuchern durchs Raster all dessen, was sie in Ligurien besuchen möchten. Zoagli befindet sich am Fuße eines natürlichen Amphitheaters und ist ein Ort der Einheimischen, nicht der Touristen, anders als Portofino schräg gegenüber. Zoagli ist ein Dorf, wo die Fischer in aller Frühe ihre Boote zum morgendlichen Fischfang bereitmachen, wo sich gerade ältere Menschen am Sonntag in der Chiesa parrocchiale di San Martino zum gemeinsamen Beten und Singen versammeln und wo sich die Bars zum Aperitif mit Pärchen und Freunden aus dem Ort füllen. Was jedoch nicht heißt, dass Zoagli es geschafft hätte, sich jedem touristischen Interesse zu entziehen – sogar Friedrich Nietzsche soll sich dort richtig wohlgefühlt haben, ebenso wie später dessen Dichterkollege Ezra Pond.

Dorfplatz

Promenade über dem Meer

Kein Wunder, denn betritt man die schmale Promenade, die wenige Meter über den an die Felsen klatschenden Wellen am Meer entlangführt, kann sich auch ein Nicht-Dichter leicht zur Poesie beflügelt fühlen. Dieser nicht ganz TÜV-geprüfte Pfad nennt sich auch Klippen- und Maultier-Weg.

Zoagli ist das genaue Gegenteil von Portofino – schlicht statt schick, einfache Unterkünfte statt Luxus, wenige Bars und Restaurants statt eines Überangebots. Doch wer auf der Terrasse eines an den Klippen haftenden Restaurants Platz nimmt und fangfrischen Fisch von einem der Dörfler beim unverbauten Weitblick übers Meer genießt, der hat meist keine weiteren Wünsche. Und nicht nur das Meer nimmt den Blick gefangen, da sind auch noch unzählige Olivenbäume, blühende Büsche und sogar manch tropische Pflanze, die gleichzeitig um die Aufmerksamkeit von Augen und Geruchssinn buhlen.

Selbst Baden geht in Zoagli ganz gut, denn es verfügt über einen netten Kieselsteinstrand, vor dem das Wasser meist blitzsauber in der Sonne schillert. Die Unterwasserwelt Zoaglis eignet sich daher besonders gut zum Schnorcheln und Tauchen, und dort verbirgt sich ganz ähnlich wie vor San Fruttuoso eine Statue – allerdings nicht von Christus, sondern von einer Madonna. Wer lieber an Land aktiv sein möchte, macht sich auf zur Erkundung des etwa zehn Kilometer langen Sentiero 5 Campanili, dem Weg der fünf Kirchtürme, der durch die verschiedenen Stadtteile Zoaglis führt, von denen jeder, so winzig er auch sei, immerhin seine eigene Kirche vorweisen kann!

Kommt man in den Abendstunden nach Zoagli, tummeln sich auf der Mini-Promenade mitsamt ihren wenigen Bänken gerne Pärchen, denn die Kulisse aus der Portofino-Halbinsel zur Rechten und dem offenen Meer im Zentrum der Natur-Bühne ist einfach zu romantisch. Wer nicht einkehren möchte, kann an der Promenade wunderbar picknicken.

Blick übers Mittelmeer von der Promenade

Info

Lage: ca. 30 Kilometer östlich von Genua und acht Kilometer von Santa Margherita Ligure entfernt

Anreise: Z. B. ab Genua mit der Regionalbahn bis zum Bahnhof Zoagli (ca. eine Stunde). Schneller lässt sich Zoagli mit dem Auto erreichen, wobei die Parkplätze jedoch in der Hauptsaison schnell knapp werden.

Aktivitäten: Dorfbummel, Spaziergang über die Fels-Promenade, Wandern auf dem Sentiero 5 Campanili, Baden, Tauchen. Wer gerne spazieren geht, kann auch am Meer entlang bis nach Rapallo laufen (ca. fünf Kilometer und etwa eine Stunde Weg, je nachdem, wie viele Fotostopps man einlegt oder wie oft man zwischendurch ins Meer springt).

19 Sestri Levante

DER MÄRCHENORT?

Erwähnt man Sestri Levante, schwärmt jeder Ligurer sofort von der Baia del Silenzio, der Bucht der Stille, und der Baia delle Favole, der Märchenbucht, die dem dänischen Dichter Hans Christian Andersen gewidmet ist. Der machte in Sestri Levante nämlich angeblich im Jahr 1833 Urlaub und verliebte sich in den Ort – weshalb bis heute jedes Jahr Ende Mai oder Anfang Juni ein Andersen-Literaturfestival in dem Küstenstädtchen stattfindet.

Sestri Levante steht vor allem für zwei berühmte Buchten – die Bucht der Stille und die Märchenbucht. Stille und Märchen findet man in dem beliebten Küstendorf jedoch höchstens noch außerhalb der Hauptsaison, während im Sommer Highlife an den Stränden herrscht. Abgeschiedenheit gibt es dann nur auf den Wanderwegen entlang der Küste.

Und die beiden Buchten, sind sie wirklich so schön? Nun, die Baia delle Favole hat einen immerhin 1,7 Kilometer langen Strand entlang der Uferpromenade, doch wirkt die Baia del Silenzio um einiges fotogener. Der dortige Sandstrand ist zwar schmal, liegt aber vor der Kulisse der pastellfarbenen Altstadt-Häuser, und im Wasser dümpelt eine Vielzahl an Fischerbooten.

Daneben eignet sich Sestri Levante im Gegensatz zu vielen kleineren Küstenorten wunderbar zum Shoppen. Souvenirs, Kleidung oder kulinarische Spezialitäten – die Geschäftsleute Sestris sind bestens vorbereitet auf die Ansprüche von Einwohnern und Besuchern zugleich. Beim Spaziergang durch den Ort fällt früher oder später die Basilica di Santa Maria di Nazareth ins Auge, die im 17. Jahrhundert errichtet wurde und Neoklassizismus mit barocken Elementen vereint.

Die Altstadt

Noch hübscher anzusehen ist allerdings die 1151 erbaute, romanische Kirche San Nicolò dell'Isola, die Sestri auf 285 Meter Höhe vom Monte Castello an der Landspitze aus überwacht. Es versteht sich von selbst, dass ein Kirchenbesuch dort mit zusätzlichem Weitblick über Dorf und Meer daherkommt.

Baia delle Favole

Neben den Kirchen lohnt sich in Sestri Levante eine Besichtigung des Klosterkomplexes Convento dell'Annunziata und der imposanten Palazzi, darunter das Rathaus im Palazzo Durazzo Pallavicini aus dem 17. Jahrhundert. Steht man vor einem Palazzo mit viereckigem Turm, handelt es sich hingegen um den Palazzo Fascie Rossi, in dem nun das archäologische Museum untergebracht ist. Und wer beim Altstadtbummel genau aufpasst, entdeckt immer wieder aufwendig aus Stein gestaltete Tür- und Eingangsportale.

Sonnenuntergang vor Sestri Levante

Wem Sestri Levante im Sommer zu voll ist und wer sich lieber in der Natur verausgabt, hat das Glück, gleich mehrere Panorama-Küstenwanderwege zur Auswahl zu finden, unter anderem zum Aussichtspunkt Punta Manara, bis nach Lavagna oder in Richtung Moneglia. Auch das Hinterland des Apennins, wohin es eher wenige Touristen verschlägt, hält viele Touren für Wanderer und ebenfalls Mountainbiker bereit. Dabei stößt man dann auf so pittoreske Dörfer wie Castiglione Chiavarese, wo die Uhr viel langsamer zu ticken scheint als an der Küste.

Info

Lage: knapp 50 Kilometer östlich von Genua und ca. 60 Kilometer von La Spezia entfernt

Anfahrt: Z. B. ab Genua mit der Regionalbahn bis zum Bahnhof Sestri Levante (ca. 70 Minuten) oder mit dem InterCity (ca. 50 Minuten). Ab La Spezia dauert die Bahnfahrt mit der Regionalbahn gut eine Stunde, mit dem InterCity 35 Minuten.

Aktivitäten: Dorfbummel, Shoppen, Fotoshooting und Baden an der Baia del Silenzio oder der Baia delle Favole, Besuch der Kirchen und Paläste, Wanderung auf den Küstenwanderwegen der Umgebung oder ins Hinterland

- Eine kurze, leichte Wanderung führt zum Aussichtspunkt Punta Manara (ca. 4,5 Kilometer, gut eine Stunde Weg), durch wunderschöne mediterrane Vegetation. Auf derselben Landspitze befindet sich auch Ciappa du Lu, ein Felsvorsprung, wo man in klarem, blauem Wasser baden kann und sich die Stelle nur mit wenigen anderen teilen muss.
- Die Wanderung nach Osten in Richtung Moneglia führt am Punta Baffe vorbei, wo sich viele wenig besuchte Panoramawege finden.

Weitere Informationen für Wanderer:
comune.sestri-levante.ge.it/index.php/la-citta/progetti-per-la-citta/30-sentieri-a-levante

20 In den Fußstapfen

DES SCHRIFTSTELLERS MARIO DENTONE DURCH MONEGLIA

Moneglia liegt zwar am Meer, ist aber umgeben von vielen Hügeln, als wollten sie den Ort fest umarmen, und von Hainen voller Olivenbäume. Mario Dentone, einer der aktuell bekanntesten ligurischen Schriftsteller, denkt bei dem Dorf, das er vor über 50 Jahren als Heimat wählte, als Erstes an die Olivenbäume. Daran, wie Moneglia einst als „Hauptstadt des Olivenöls" galt und dass vor Ort schon lange, bevor die ersten Seeleute und Fischer kamen, die Bauern Oliven pflückten und Olivenöl produzierten. Auch er selbst lebt in einem hübschen Haus zu Füßen der Olivenhaine, obwohl er sich, als Sohn einer Seemannsfamilie geboren im Nachbarort Riva Trigoso (Dorf der Fischer und Seemänner), als Mann des Meeres bezeichnet, der das Schwimmen vor dem Laufen lernte und das Fischen vor dem Lesen und Schreiben. „Moneglia ist das Herzstück jedes meiner Tage, das schlägt und lacht, wenn ich zu den Olivenhainen spaziere, entlang der Wege der alten Ölmühlen, wo es zu jeder Jahreszeit nach frischem Kraut riecht, im Frühling nach Blumen und im Herbst nach nasser Erde."

Mario Dentone ist einer der bekanntesten zeitgenössischen Schriftsteller Liguriens. Seit über 50 Jahren lebt er in dem Küstendorf Moneglia, das er über alles liebt. Wer hinfährt, kann die Lieblingsorte des Autors aufsuchen – und ihm dabei mit ein wenig Glück höchstpersönlich begegnen!

Doch es ist nicht nur die Natur, die einen Besuch Moneglias lohnenswert macht, sondern auch dessen reiche Geschichte und deren Zeitzeugen. Einst schrecklich von den Sarazenen verwüstet, kann man noch heute die Überreste von zwei Festungen und Wachtürmen sehen, Castello Monleone und Villafranca. Und auch die Kirchen des Dorfes sind teils reich an Sehenswürdigkeiten und Kunst, darunter die Kirche Santa Croce, in der ein Kreuz zu sehen ist, das angeblich vom Meer angespült wurde. Neben einem Gemälde des letzten Abendmahls vom lokalen Künstler Luca Cambiasco, den nicht nur die Dorfbewohner gern mit Michelangelo auf eine Stufe stellen. In dieser Kirche heiratete der Schriftsteller vor gut fünf Jahrzehnten seine Frau Rita. Außerdem empfiehlt Mario, mittlerweile über 70 Jahre alt, obwohl er auch für 60 durchgehen würde, einen Besuch der Kirche San Giorgio mit wunderschönem Kreuzgang aus dem 14. Jahrhundert und einer Holzstatue des Heiligen.

Mario Dentone

Noch wichtiger als Olivenhaine und Geschichte ist Mario allerdings das Meer. Das ist in Moneglia seit über 30 Jahren mit der „blauen Flagge" versehen – einer Auszeichnung für besonders sauberes Wasser und ausgezeichnete Bademöglichkeiten. Kein Wunder also, dass sich zu den 3000 Dorfbewohnern im Sommer leicht 10.000 Gäste gesellen, meist aus Genua, den an Ligurien angrenzenden Provinzen und Mailand, die teils über Sommerhäuschen vor Ort verfügen. Wer keine überfüllten Strände mag, tut es dem Autor gleich und sucht sie nur außerhalb des Sommers auf – „dann, wenn es ruhig ist und die Sturmflut die Luft mit Salzregen erfüllt".

113

Altstadtgassen

Seine Spaziergänge führen Mario auch in die Altstadt mit ihren engen Gassen, kleinen Geschäften und zur Meerespromenade mit Hunderten von Palmen und Bars. In Letzteren trifft man den Schriftsteller eher selten, nur im Sommer nimmt er an verschiedenen kulturellen und touristischen Events teil, die ihn gerne zum Protagonisten des Dorflebens machen. Dann kann man ihn schon mal in der Bar Centrale begrüße, an der Badeanstalt Bagni Letizia oder auch am Piccolo Hotel, wo Kultur und Musik zusammenfließen und neben Lesungen unter anderem auch Konzerte stattfinden. Und wer hofft, den Autoren beim Genuss seiner lokalen Lieblingsgerichte anzutreffen, der geht ins gemütliche, familiengeführte Restaurant Tender.

Begibt man sich danach hoch zum Aussichtspunkt über die beiden Buchten Moneglias, fällt rechter Hand an der Mauer eine Gedenktafel zu Ehren des großen Seefahrers Giuseppe Vallaro (natürlich aus Moneglia) ins Auge. Dass diese 2011 angebracht wurde, ist allein Marios Werken zuzuschreiben: Der Autor wählte den Seefahrer als Protagonist mit Spitznamen „Geppin" für seine Roman-Trilogie, darunter Band eins „Der Herr der Wellen", die sich zu einer erfolgreichen Seemanns-Saga mauserte.

„Manchmal denke ich an mein Heimatdorf Riva Trigoso und wie es mich zu dem Mann machte, der einsam vor den Felsen schwimmt statt vor dem überfüllten Strand. Aber Moneglia ist für mich ein Ankerplatz der Ruhe und Verbundenheit und wohl der Ort, der mich zum Schriftsteller gemacht hat", so der Autor. Was in jedem Besucher, der eigene schriftstellerische Ambitionen hegt, ein wenig Hoffnung schüren dürfte.

Blick über die Bucht von Moneglia

Info

Lage: gut zehn Kilometer östlich von Sestri Levante

Anreise: Ab Sestri Levante mit der Regionalbahn zwei Stationen weiter bis Moneglia (Dauer ca. neun Minuten). Wer auch sehen möchte, in welch kleinem Fischerdorf der Schriftsteller Mario Dentone geboren wurde, steigt schon eine Station früher aus, in Riva Trigoso.

Aktivitäten: Dorfbummel, Spaziergang zu den Kirchen und Überresten der Festungen, Spaziergang an der Strandpromenade und zu den Olivenhainen, Strandbesuch, Entspannen in einer Bar oder in einem Café, Plaudern mit Mario Dentone, falls er einem zufällig über den Weg läuft (die beste Chance dafür hat man in den frühen Morgenstunden, wenn er spazieren geht, bevor er mit dem Schreiben beginnt!)

Restaurant:
- Ristorante Tender: Corso Libero Longhi 51, 16030 Moneglia, Tel. +39 0185451249

Hinweis: Viele der Bücher von Mario Dentone drehen sich um Meer und Seefahrt und sind eng mit der seefahrerischen Tradition Liguriens verbunden; *mariodentone.it/*

21 Varese Ligure

DAS NACHHALTIGE DORF

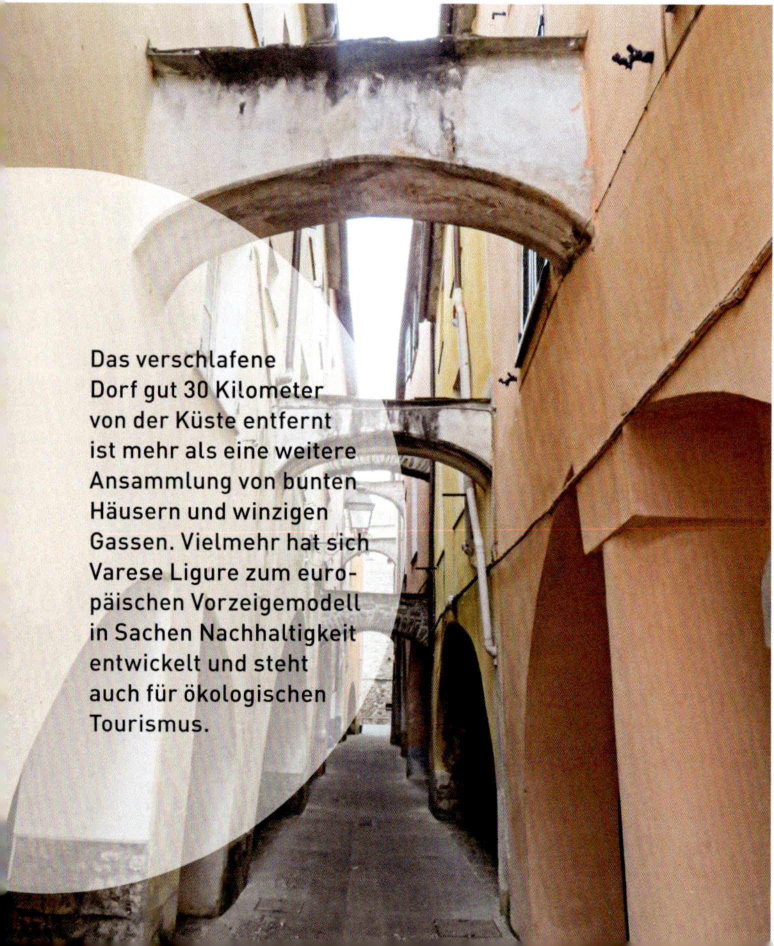

Das verschlafene Dorf gut 30 Kilometer von der Küste entfernt ist mehr als eine weitere Ansammlung von bunten Häusern und winzigen Gassen. Vielmehr hat sich Varese Ligure zum europäischen Vorzeigemodell in Sachen Nachhaltigkeit entwickelt und steht auch für ökologischen Tourismus.

Zunächst einmal scheint sich Varese Ligure, im oberen Val di Vara (dem Vara-Tal) gelegen, nicht groß von anderen malerischen Dörfern des ligurischen Hinterlandes zu unterscheiden. Wie viele weitere Gemeinden zählt es zu den schönsten Dörfern Italiens, und wie alle anderen lässt es sich gut mit Begriffen wie „mittelalterliches Flair" und „bunte Häuser, die sich aneinanderschmiegen" beschreiben. Doch es gibt ein paar Unterschiede zu den Mitstreitern um den Titel des schönsten ligurischen Dorfes: Der alte Kern von Varese Ligure ist von oben betrachtet rund, was der Altstadt den Namen „Borgo Rotondo", rundes Dorf, verlieh. Allerdings ist es vielmehr eine Ellipse, die die farbenfrohen, lückenlos aneinanderhaftenden Häuser bilden, wobei sie sich zu einer kleinen Festung hin öffnen, dem Castello Fieschi am Piazza Fieschi. Die Fieschi waren die feudalen Herrscher, die den Bau des Dorfes beauftragten. Anhand der geschlossenen Form der Häuser und der Festung kann man sich gut vorstellen, wie diese den Dörflern im Mittelalter zur Verteidigung dienten.

Castello

Wo einst niemand so leicht reinkam, schlendern heute vereinzelt Besucher über die von kleinen Geschäften, Bars und Restaurants gesäumten Plätze Piazza Fieschi und Piazza Castello und durch die schattigen Arkadengänge. Ein wenig Zeit für ein Mittag- oder Abendessen muss ebenfalls sein, denn auf den meisten Menüs stehen die köstlichen Spezialitäten der Region: Ravioli aus hausgemachter Pasta mit einer Gemüse-Fleischfüllung, dazu Fleisch- oder Pilzsoße. Noch besonderer sind jedoch die sogenannten Croxetti, kleine Pasta-Scheiben, liebevoll dekoriert mit Blumenmustern und mit Walnusssoße serviert. Wer gerne Lamm oder Kaninchen isst, kann diese in Varese Ligure auf Schieferplatten gekocht verkosten, eine für die Gegend typische Kochmöglichkeit.

Brücke über den Fluss Vara

Für einen Spaziergang mit gut gefülltem Magen bietet es sich an, das Borgo Rotondo zu verlassen und zum Crovana-Flüsschen, der zum Fluss Vara fließt, zu schlendern. Dort liegt das Viertel Grecino mit byzantinischem Ursprung und einer hübschen Steinbrücke für Fußgänger, die auf das Jahr 1515 zurückgeht. Auf der Suche nach weiteren Sehenswürdigkeiten stößt man auf Kirchen – sehr viele Kirchen, darunter San Giovanni Battista von 1648, die einige Kunstschätze beherbergt.

Bei dem Besuch Varese Ligures sollte man allerdings auch dessen zweiten Unterschied zu anderen ligurischen Dörfern kennen: Es ist ein nahezu durch und durch organisches Dorf, wobei 95 Prozent an Fleisch und Käse bereits organisch produziert werden. Varese Ligure war sogar der erste Ort Italiens, dem 2004 von der EU Umweltzertifikate als beste ländliche Gemeinde verliehen wurden. Nachdem das Dorf einst unter einer schwächelnden Wirtschaft litt und immer mehr Menschen fortzogen, setzten sich die Dörfler zu Beginn des neuen Jahrtausends das Ziel, 100 Prozent nachhaltig und 100 Prozent organisch zu wirtschaften. Mittlerweile ist Varese Ligure so weit gekommen wie kein oder kaum ein anderes Dorf, unter anderem dank Energiegewinnung durch Wind, Sonne und Regen, Müllreduzierung und einem Fokus auf Ökotourismus.

Borgo Rotondo

Info

Lage: gut 46 Kilometer landeinwärts von dem Küstenort Levanto

Anreise: Die Anreise mit öffentlichen Verkehrsmitteln ist umständlich und zeitaufwendig, sodass es sich empfiehlt, das Dorf mit dem Pkw anzufahren. Möchte man es doch mit Bus und Bahn versuchen, fährt man mit der Bahn z. B. von Genua bis Sestri Levante (je nach Bahn (InterCity/Regionalbahn) knapp eine Stunde oder eine Stunde, 20 Minuten) und von dort mit Bus Bus 798 und dann Bus 750 nach Varese Ligure (ca. eine Stunde) – dieser Bus verkehrt allerdings sehr unregelmäßig.

Aktivitäten: Dorfbummel, Spaziergang zum byzantinischen Viertel, Besuch des Castello Fieschi, Entspannen in einer Bar oder in einem Café, Restaurantbesuch

Hinweis: Unbedingt die leckeren Croxetti probieren, kleine Pasta-Scheiben, mit Blumenmustern dekoriert und mit Walnusssoße serviert.

22 Brugnato

KULTUR UND NATUR IM DOPPELPACK

Viele Besucher wird es nunmehr ganz und gar nicht überraschen, dass Brugnato ebenfalls auf einer bedeutenden Liste steht – genau, auf der Liste der schönsten Dörfer Italiens. Betrachtet man es auf der Landkarte, erinnert die Form ein wenig an einen Schmetterling, und genauso, wie sich dieser aus einer Raupe entwickelt, entwickelte sich Brugnato ab dem 7. Jahrhundert langsam aus der Abtei eines Mönchsordens. Mit Varese Ligure hat das Dorf gemeinsam, dass es am Fluss Vara und in dessen weitläufigen Tälern liegt sowie nahe dem Ligurischen Apennin und dem Naturpark Montemarcello-Magra – mit wunderschönen, nicht überlaufenen Wanderwegen.

Einst war das ansehnliche Dorf tief im Hinterland ein religiöses Zentrum und entstand als Mönchsabtei. Heute ist es nicht nur wegen seiner kleinen Kathedrale und weiterer Kirchen sowie eines Diözese-Museums ein lohnenswertes Ausflugsziel, sondern auch wegen der das Dorf umgebenden Natur.

Über die Jahre wurde das mittelalterliche Brugnato mit seinen so typisch pastellfarbenen Häusern hübsch restauriert, und man fand viele wertvolle archäologische Objekte, vor allem in der Kathedrale aus dem 12. Jahrhundert, die eine Basilika aus dem 8. Jahrhundert ersetzte. Diese Funde sind nun allesamt im Museo Diocesano untergebracht, dem Diözese-Museum, im ehemaligen Bischofspalast Palazzo Vescovile. Besonders sehenswert: ein mit aufwendigen Details gestalteter Altaraufsatz.

Aber auch der Kathedrale selbst einen Besuch abzustatten, lohnt sich. Zwar ist sie recht schlicht und spärlich dekoriert, doch es gibt unter anderem ein herrliches Buntglasfenster zu bewundern, Reste der früheren Basilika sowie ein paar Fresken. Liebhaber schöner Fresken werden außerdem an der Chiesa dell'Accola ihre Freude haben, deren Wandgemälde aus dem 17. oder 18. Jahrhundert stammen sollen.

Beim Spaziergang durch den Ort fällt auf, dass es in der seit dem Mittelalter erhaltenen Stadtmauer

Bunte Altstadthäuser

Verwinkelte Gassen in der Altstadt

Hausfassaden von Pignone

nur zwei Tore gibt, die Porta Soprana und Porta Sottana, was es Eindringlingen noch schwerer machte, ins Zentrum zu gelangen. Brugnato ist auch in der Hochsaison meist so wunderbar untouristisch, dass mancher Dorfbewohner sogar ein Lächeln für Besucher übrighat und man wahrscheinlicher ältere Dörflerinnen beim Plausch beobachtet als Touristen, die schmucke Hausfassaden oder pittoreske Plätze ablichten. Am besten lässt man sich einfach durch die Gassen treiben oder folgt bei Hunger dem Duft nach frischer Focaccia, Pesto oder einer anderen Leckerei, die gerade in den Bäckereien oder Küchen der gemütlichen Restaurants garen.

Marktplatz

Wer mit dem Auto angereist ist, dem empfiehlt sich nach dem Dorfbesuch ein Abstecher ins nur zwölf Kilometer weiter südlich gelegene Dörfchen Pignone, das noch vor römischer Zeit entstanden sein soll. Da es an zwei sich kreuzenden Kommunikationswegen lag, wurde es später für die Römer von besonderer Bedeutung. Heute zeichnet das Dorfeingangsschild Pignone als „früheres Tor zu den Cinque Terre und der Riviera" aus. Vor allem aber ist Pignone eins – wahnsinnig fotogen. Schon die mit Blumentöpfen behangene Steinbrücke ins Dorf, Ponte Vecchio, bietet ein erstes Fotomotiv, gefolgt von der Loggia aus dem 17. Jahrhundert, den kunterbunten Häusern der Gassen und der Kirche Santa Maria Assunta. Nur wenige Touristen verirren sich in dieses Örtchen, doch wer es tut, wird dem Charme Pignones schwer widerstehen können.

Pignones Gassen

Wer Küstenwanderwege liebt, es zwischen den Cinque Terre aber zu voll findet, der kann rund um das Fischerdorf Bonassola zwischen pittoresken, weniger ausgetretenen Pfaden wählen. Eine der schönsten Wanderungen führt von Bonassola über dem Meer entlang bis in das winzige Framura – mehrere Bademöglichkeiten inklusive!

Nicht einmal tausend Einwohner hat das Küstendorf Bonassola und steht in der Regel auf keiner touristischen To-do-Liste – was schade ist. Der kleine Ort liegt nämlich wunderschön in einer Bucht, eingerahmt von Hügeln, auf denen Pinien und Olivenbäume wachsen, und von den für diesen Teil Liguriens typischen Weinterrassen. Die Einheimischen suchen das Dorf vor allen seines Strandes wegen auf, denn der ist außergewöhnlich breit und das Wasser so klar, wie man es sich im Sommer zum Schwimmen oder auch Schnorcheln wünscht. Doch Bonassola lockt nicht nur Beach Boys und Strandnixen an, sondern ebenfalls Wanderer, denn unter denen hat sich der Ort mittlerweile als Wandertipp herumgesprochen. Eine der beliebtesten Strecken: die entspannte Tour von etwa vier Kilometern auf dem Küstenpfad bis zur Nachbargemeinde Framura.

Bevor es auf den Weg oberhalb der Steilküste geht, kann man sich in Bonassola zunächst eine Runde warmschwimmen und mit Focaccia oder anderen Köstlichkeiten sowie Drinks eindecken, denn Einkehrmöglichkeiten gibt es unterwegs nicht. Der steinige, doch leicht begehbare und selten steiler ansteigende Weg ist für jeden geeignet, ob Anfänger oder Wanderexperte, und trägt aus gutem Grund den Namen Sentiero Verdeazzurro – grünblauer Pfad. Wer gerne fotografiert oder unterwegs mal entspannt, wird wahrscheinlich

Chiesa della Madonna della Neve, Framura

deutlich mehr Zeit brauchen als anderthalb oder zwei Stunden – es gibt einfach zu viele Aussichtspunkte und Felsvorsprünge, die zum Verweilen und Genießen einladen. Der Weg muss sich hinter den Cinque-Terre-Wanderwegen nicht verstecken, doch das Beste: Man wird dort nicht einmal der Hälfte der Hunderten von Menschen begegnen, die sich während der Hauptsaison auf den Wanderwegen zwischen den Cinque Terre tummeln.

Blick über Bonassola

Der gut ausgeschilderte Pfad nach Framura führt teils durch Wälder, teils durch Felslandschaften. Es gibt sogar ein paar Sehenswürdigkeiten unterwegs, darunter die auf einem Felsen-riff thronende Cappella der Madonna della Punta oberhalb von Bonassola. An klaren Tagen reicht der Blick von dort bis zur Halb-insel von Portofino. Der Kirche folgt der sogenannte Salto della Lepre, ein beliebter Aussichtspunkt auf einem Felsvorsprung, wo sich Schwindelfreie an der äußersten Felsspitze ablichten lassen, mit der hügeligen ligurischen Küste und der Weite des Mittelmeers als Kulisse. Läuft man weiter entlang des Weges, dessen Rand bunte, mediterrane Blumen zieren, gelangt man zur Punta di Marmi. Dort ist sogar Nacktbaden in einer kleinen Bucht möglich – ein ansonsten in Ligurien eher seltenes Vergnügen! Wer doch lieber Badehose oder Bikini überstreift, findet gleich die nächste Bademöglichkeit am pittoresken Porto Pidocchio.

Doch auch, wenn Framura erreicht ist, braucht man nicht traurig zu sein – das Dorf empfängt Besucher mit seinem hübschen Felsriff-Naturhafen Scoglio Ciama und gehört überhaupt zu den schönsten Italiens. Ein abschließender Bummel führt durch die Gassen mit ihren bunt bemalten Häuschen, in die sich überraschend wenige Besucher verirren.

Strand von Bonassola

Info

Lage: zwischen den etwas größeren Ortschaften Deiva Marina und Levanto und ca. 40 Kilometer von La Spezia entfernt

Anreise nach Bonassola: Z. B. ab Genua mit der Regionalbahn bis Bonassola, Dauer ca. eine Stunde, 50 Minuten oder eine Stunde, 20 Minuten mit einmal Umsteigen. Auch von La Spezia nimmt man die Regionalbahn, Dauer ca. 30 Minuten.

Wanderung: Länge des gut ausgeschilderten Küstenwanderweges oberhalb der Steilküste ist ca. vier Kilometer. Der Pfad ist steinig, aber leicht begehbar mit wenigen Steigungen. Reine Gehzeit ca. 1,5 bis zwei Stunden bei gemütlichem Tempo, allerdings sollte man ausreichend Zeit für Pausen zum Fotografieren und Genießen der tollen Ausblicke einplanen. Selbstverpflegung, da es entlang des Weges selbst keine Einkehrmöglichkeiten gibt – nur in Bonassola und Framura selbst.

24 Cinque Terre

WANDERN VON DORF ZU DORF

Sie heißen (von Ost nach West) Riomaggiore, Manarola, Corniglia, Vernazza und Monterosso und haben eine Gemeinsamkeit – sie sind über jeden Zweifel erhabene Dorfschönheiten und teilen sich eine Traumlage über dem blau schillernden Mittelmeer. Auch wenn die berühmte und nicht nur von Liebenden geschätzte Via dell' Amore, ein 1,5 Kilometer langer, angeblich besonders romantischer Weg zwischen Riomaggiore und Manarola, bis auf Weiteres geschlossen ist (wie zu Beginn erwähnt, Öffnung frühestens 2024, wahrscheinlich später), wäre es schade, das schmucke Riomaggiore einfach zu überspringen. Es ist bekannt für seine bunten Häuschen entlang des Steilhangs hinter dem Meer, welche die winzige Bucht nahezu umarmen. Ansonsten hat der Ort, den viele Cinque-Terre-Besucher als Erstes anschauen, vor allem eines zu bieten – Kirchen, Kirchen und noch mehr Kirchen. Und ein Schloss von 1260 auf einer Anhöhe, das einst Schutz vor Barbaren bieten sollte und heute Besucher empfängt.

Sie sind *das* touristische Highlight Liguriens und UNESCO-Weltkulturerbe – die Cinque Terre, fünf irrsinnig schöne Dörfer über dem Meer. Tatsächlich ist ein erster Ligurienbesuch ohne einen Tag in den Cinque Terre undenkbar. Ein ganz besonderes Erlebnis bietet die Wanderung von einem Dorf zum nächsten entlang des nicht minder pittoresken Küstenwanderweges.

Solange die Küstenwanderung zwischen Riomaggiore und Manarola ausfällt, kann man stattdessen eine Regionalbahn nehmen und steht wenige Minuten später in dem Dorf, das jedes Jahr ab dem 8. Dezember eine riesige Weihnachtskrippe zur Schau stellt (ob es nun „die größte Weihnachtskrippe der Welt" ist, wie manche Manarola-Werbung behauptet, ist fraglich!). Doch auch während der üblichen elf Monate sind die farbigen Häuser oberhalb der Klippen und der kleine Strand einen Besuch wert. In Manarola geht es nun endlich auf den Küstenwanderweg des Nationalparks Cinque Terre, bis elf Kilometer später Corniglia erreicht ist.

Riomaggiore

Man muss kein erfahrener Bergsteiger sein, um diese Etappe zu meistern, ein wenig Grundkondition reicht vollkommen aus. Und wenn es doch mal zu steil aufwärts geht, ist eine kleine Pause nie verkehrt – zumal der Ausblick hinter jeder Ecke so sehr darum bettelt, fotografiert zu werden, dass an schnelles Vorankommen ohnehin nicht zu denken ist. Der Pfad ist perfekt ausgeschildert und führt durch Terrassenfelder voller Weinreben und Gemüse, die einen ersten Einblick in die ligurische Landwirtschaft in Küstennähe bieten. Auch ein Abstecher zur Kirche San Pietro im typisch ligurisch-gotischen Baustil lohnt sich, bevor es wieder bergab geht in Richtung Vernazza – das nach Meinung vieler allerschönste Dorf. Einer der Top-Aussichtspunkte

Manarola

Vernazza

dieses Abschnitts ist Punta Palma auf 208 Meter Höhe, denn schon von Weitem zeigt sich Vernazzas charakteristischer Turm von Belforte, der über dem Meer thront. Von dort aus wurde das Städtchen einst verteidigt und überwacht, heute allerdings nur noch von Touristen bestaunt und abgelichtet. Sind die Füße mittlerweile heißgelaufen oder ist man bereit für eine Dusche, hält Vernazza gleich zwei kleine Badestrände bereit. Auf dem Weg bergauf in Richtung Monterosso offenbart das Dorf seine gesamte Schönheit nochmals von der anderen Seite. Danach geht es auf der Zielgeraden bis zum größten und auch ältesten

Vernazza

Ort der Cinque Terre, Monterosso, mit zahlreichen Cafés und Restaurants zum Stärken sowie einem recht großen Strand, wo man den Tag beim Bad mit Blick auf Dorf und Hügel ausklingen lassen kann.

Lage: Riomaggiore liegt ca. 15 Kilometer westlich von La Spezia, die anderen Dörfer ziehen sich auf etwa 12,5 Kilometer in Richtung Westen die Küste entlang.

Anfahrt: Am leichtesten ist die Anreise per regelmäßig verkehrender Regionalbahn, entweder ab La Spezia (bis Riomaggiore ca. acht Minuten) oder ab Genua (bis Riomaggiore ca. eine Stunde, 20 Minuten). Wer nicht die ganze Strecke laufen möchte, kann auch die Bahn von einem Dorf zum nächsten nehmen.

Aktivitäten: Am besten lassen sich die Dörfer bei einer Wanderung entlang des Küstenwanderweges erkunden, da man dabei auch die herrliche Landschaft zwischen den Dörfern erlebt. Die Gesamtstrecke beträgt 12,5 Kilometer, allerdings sind die 1,5 Kilometer zwischen Riomaggiore und Manarola entlang der Via dell' Amore zur Zeit der Buchrecherche noch geschlossen (frühstmögliche Öffnung 2024). Die Website *cinqueterre.eu.com/de/wanderwege* bietet eine genaue Streckenbeschreibung mit Distanzangaben und hilft bei der Planung. Achtung: Einige der Streckenabschnitte durch den Nationalpark sind kostenpflichtig – am besten kauft man direkt die Cinque Terre Card, die die Nutzung aller Wanderwege und auch die Bahnverbindungen zwischen Levanto und La Spezia inklusive der Cinque Terre Dörfer abdeckt.

Hinweis: Wer nicht wandern und die Dörfer lieber vom Wasser aus bewundern möchte, kann dies im Rahmen einer Bootstour u. a. ab Monterosso oder Riomaggiore tun. *cinqueterre.eu.com/de/bootsausfluege*

Levante

Golfo dei Poeti und sein Hinterland

Sarzana

Levante

Golfo dei Poeti und sein Hinterland

25 „Farfalla dorata"

DAS MYSTERIUM DES GOLDENEN SCHMETTERLINGS

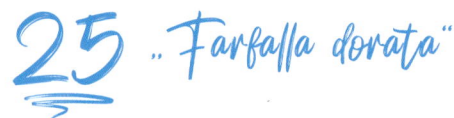

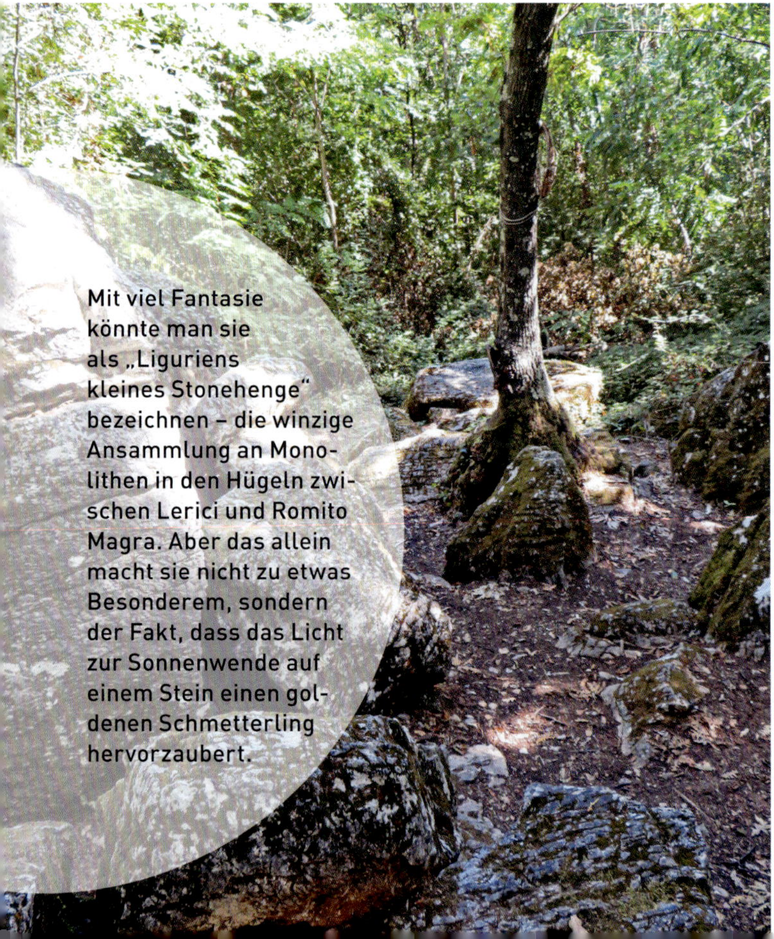

Mit viel Fantasie könnte man sie als „Liguriens kleines Stonehenge" bezeichnen – die winzige Ansammlung an Monolithen in den Hügeln zwischen Lerici und Romito Magra. Aber das allein macht sie nicht zu etwas Besonderem, sondern der Fakt, dass das Licht zur Sonnenwende auf einem Stein einen goldenen Schmetterling hervorzaubert.

Wegweiser zur Farfalla dorata

Möchte man pünktlich zum großen Schauspiel im Wald sein, geht es ab ca. 19:30 Uhr den asphaltierten Weg hoch in Richtung Monti di San Lorenzo. Dieser ist gesäumt von Laubbäumen und mediterraner Buschlandschaft und endet am Bed & Breakfast Il Giardino delle farfalle. Von dort führt ein Pfad in den Wald hinein, vorbei an der nur noch aus Mauern und einem verfallenen Glockenturm bestehenden Ruine der mittelalterlichen Kirche San Lorenzo. Nach einem kurzen ansteigenden Stück ist das Ziel rechter Hand erreicht: vier Megalithen in Form einer Raute, auch Quadralithon genannt.

Besonders Spaß macht es, diese von manchen als spirituell beschriebene Erfahrung in einer kleinen Gruppe zu erleben, denn dann können sich alle im Halbkreis aufstellen und sich bei den Händen fassen. Warum? Laut Legende beschert diese Berührung jedem einzelnen nicht nur tiefere Emotionen, sondern hilft auch dabei, die besondere Energie des Ortes aufzusaugen.

Die Farfalla dorata ist ein einzigartiges Lichtspiel.

Als „Leinwand" für den Schmetterling dient der nördlichste Stein, der Menhir. Die Aufregung bei Besuchern wächst, wenn zwischen Ende Juni und Ende Juli ab etwa 20:15 Uhr die letzten Sonnenstrahlen den Waldboden erreichen und sich zwischen die Steine drängen. Dann ist es soweit: Durch das besondere Zusammenspiel von Licht und Schatten, das sich nur in diesen wenigen Wochen des Jahres ergibt, zeigt sich auf dem Menhir ein klar identifizierbarer Schmetterling, der leicht golden schimmert. Das Ganze mag nur ein paar Minuten dauern, wird jedoch zu einer unvergesslichen Erfahrung.

Aber was hat es mit diesem goldenen Schmetterling auf sich? Die Monolithen soll es schon seit etwa 6000 v. Chr. geben, doch es war erst 1997, dass der mittlerweile verstorbene Forscher und Astronom Professor Enrico Calzolari auf das Lichtgeschehen mit dem goldenen Schmetterling stieß. Aus seinen Recherchen und denen weiterer Historiker ergibt sich, dass in der Region rund um das heutige Monti di San Lorenzo einst keltische Stämme lebten, auf welche die Megalithen zurückgehen könnten. Möglicherweise diente die Stätte für Rituale zur Zelebration von Jahreszeiten, Fruchtbarkeit sowie Übergang von Leben und Tod.

Wer allerdings eine wissenschaftlich belegte Erklärung für diesen magischen Ort im Hinterland von Lerici sucht, wird enttäuscht. Die Experten sind lediglich überzeugt, dass die Aufstellung der Steinblöcke nicht beliebig ist und das Schmetterlings-Abbild nicht zufällig erscheint. Ihnen zufolge könnte der Schmetterling eine Art spiritueller Wanderung symbolisieren, die den Wechsel der Jahreszeiten charakterisiert. Manche Wissenschaftler munkeln bereits, ein ähnliches Schmetterlingsbild, nur in Silberfarben, zeige sich vor Ort bei Untergang des Vollmonds – dies zu überprüfen, kann zur spannenden Herausforderung für Ligurien-Besucher werden!

Doch selbst wenn die Stein-Raute und der Schmetterling einige Rätsel aufgeben, ist der schattige Fleck inmitten der Wälder, fernab jedes Trubels, jederzeit idyllisch und erholsam – auch außerhalb der längsten Tage des Jahres. Dann versteckt sich der goldene Schmetterling zwar, aber ein Spaziergang zu dem prähistorischen Zirkel stellt trotzdem einen entspannten Ausflug dar. Damit sich Besucher den Schmetterling auch in den übrigen elf Monaten vorstellen können, klebt an der Stelle, wo er sich zur Sonnenwende manifestiert, ein Schild mit einem verblichenen Foto des goldenen Insekts.

Info

Lage: Die „Farfalla dorata" befindet sich in den Hügeln oberhalb des Küstenortes Lerici, in gut vier Kilometern Entfernung.

Anfahrt: Lerici ist von La Spezia in gut einer halben Stunde per Bus erreichbar. Von dort kann man die historische Stätte mit ein wenig Wanderlust zu Fuß erreichen. Verfügt man über einen Pkw, kann man ihn unterhalb der Auffahrt nach Monti di San Lorenzo parken: Ausgangspunkt zur prähistorischen Stätte ist die Landstraße zwischen Romito Magra und Lerici, genauer gesagt die Abzweigung nach Monti di San Lorenzo, die aber zwischen 16 und 21 Uhr für den Autoverkehr von Nicht-Anwohnern gesperrt ist. Also geht es zu Fuß (ca. 30 Minuten) den braunen Wanderwegweisern in Richtung „Farfalla Dorata" nach.

Hinweise: Jedes Jahr etwa zwischen dem 21. Juni und dem 21. Juli, nah am Tag der Sommersonnenwende, ist der goldene Schmetterling ab etwa 20:15 Uhr sichtbar – natürlich nur bei klarem, nicht zu wolkigem Wetter.

26 Castelnuovo Magra

ABSEITS DER TOURISTENPFADE

Ein großes, etwas verrostetes Schild empfängt Besucher am Eingang zum Dorf, gleich neben den überall in italienischen Dörfern typischen Anschlägen, welche Dorfbewohner in letzter Zeit verstorben sind. Das Schild bildet eine sehr überschaubare Karte der nicht einmal 9000 Einwohner starken Gemeinde ab: Rechts knubbeln sich Sehenswürdigkeiten wie die Chiesa S. Maria Maddalena aus dem 17. Jahrhundert im späten Renaissance-Stil und ihr gegenüber der Palazzo Amati mit seinem üppigen Garten, die Enoteca Regionale della Liguria – eine Weinhandlung, die eine Verkostung regionaler Weine anbietet – sowie ein multimediales Museum zum Vermentino, einem der beliebtesten Weißweine Liguriens. Damit gibt Castelnuovo Magra bereits sein Geheimnis preis – er ist ein Ort des Weines, vor allem ein Ort, um die besten Weine der Gegend nicht nur zu verkosten, sondern natürlich auch zu erwerben. Weiter links im Dorf, an der Piazza Querciola, erhebt sich der Palazzo dei Vescovi di Luni, das eigentliche Highlight des Ortes mit dem schönsten Weitblick.

Sich im ligurischen Hinterland in ein Dorf zu verirren, wo nur wenige Touristen aufschlagen, ist ein wahres Vergnügen. Eines dieser Dörfer ist das mittelalterliche Castelnuovo Magra, das die Einheimischen wegen seines romantischen Weitblicks über die Landschaft aufsuchen, vor allem aber, um dort zu schlemmen und regionalen Wein zu verkosten.

Direkt an der ligurisch-toskanischen Grenze gelegen, erhebt sich das mittelalterliche Castelnuovo Magra auf 180 Metern Höhe auf dem Monte Bastione, inmitten der sogenannten Alpi Apuane. Steht man auf der weitläufigen Piazza Querciola, reicht der Blick weit über das Tal des Flusses Magra und vermittelt fast das Gefühl, schon in der Toskana angekommen zu sein. Die umgebenden Hügel zieren Olivenbäume und Weinberge, die verdeutlichen, warum zu den Hotspots des winzigen Dorfes ausgerechnet eine bedeutende Weinhandlung im Keller des Rathauses sowie ein Weinmuseum zählen. Bei klarer Sicht kann man sogar die toskanische Küste ausmachen oder in weiter Ferne Korsika erahnen.

Torre del Castello dei Vescovi di Luni

Der ansehnliche Palazzo dei Vescovi di Luni mit seinem markanten Turm wurde im 13. Jahrhundert erbaut, da sich dort der Bischof von Luni niederlassen wollte. Später wurde der Palast in eine Festung verwandelt, die dann jahrhundertelang verwaiste, bis man den Turm, turris magna genannt, als Heimat für wechselnde Ausstellungen entdeckte und für Besucher öffnete. Doch

Altstadtgassen

auch wenn dieser geschlossen ist, kann man wunderbar auf der schattigen Rundbank unter einem mächtigen Baum entspannen und dabei den Ausblick in die Natur genießen – vor allem, wenn man sich zuvor in der Trattoria Armanda ein vorzügliches Drei-Gänge-Menü gegönnt hat und die Bewegungsmöglichkeiten erst einmal eingeschränkt sind. Die Trattoria ist nämlich der wichtigste Grund, warum es gerade an Wochenenden Menschen aus ganz Ligurien und der Toskana in das verborgene Hügeldorf verschlägt. Dort kann man so vorzüglich regionale Speisen mit den dazu passenden DOC-Weinen verkosten, darunter hausgemachte Gnocchi, Pasta-Variationen mit unwiderstehlichen Soßen und Fisch- oder Fleischspezialitäten, dass die Bikinifigur ohnehin fürs Erste ruiniert ist und man ruhig noch ein bisschen länger im Dorf mit seinen von bunten Häusern gesäumten Gassen verweilen möchte.

Blick von der Festung über die Landschaft

Wegweiser durch das Dorf

_I_**nfo**

Lage: ca. 25 Kilometer östlich von La Spezia

Anfahrt: Am leichtesten ist die Anreise mit einem Pkw. Möchte man dennoch die eher mühsame Anfahrt mit den öffentlichen Verkehrsmitteln auf sich nehmen, empfiehlt sich die Bahn von La Spezia nach Sarzana (ca. 15 Minuten) und von dort weiter mit dem Bus, was schon mal 50 Minuten dauern kann.

Aktivitäten: Besichtigung des Palazzo dei Vescovi di Luni und der Chiesa S. Maria Maddalena, Weinverkostung in der Enoteca oder Besuch des Weinmuseums

- Enoteca Regionale della Liguria: Via Vittorio Veneto 2, 19033 Castgelnuovo Magra, Tel. +39 0187677406, _enotecaregionaleliguria.it/?page_id=26004_
- Museo Multimediale del Vermentino: Via dei Bianchi, 19033 Castelnuovo Magra, Tel. +39 3348720155

Restaurant:

- Trattoria Armanda: Am Wochenende sollte man vorab einen Tisch reservieren! Piazza Giuseppe Garibaldi 6, 19033 Castelnuovo Magra, Tel. +39 0187674410, _de-de.facebook.com/trattoriaarmanda_

27 Monesteroli

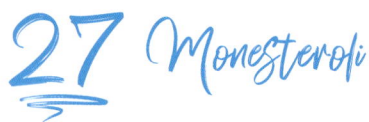

LIGURIENS „STAIRWAY TO HEAVEN“

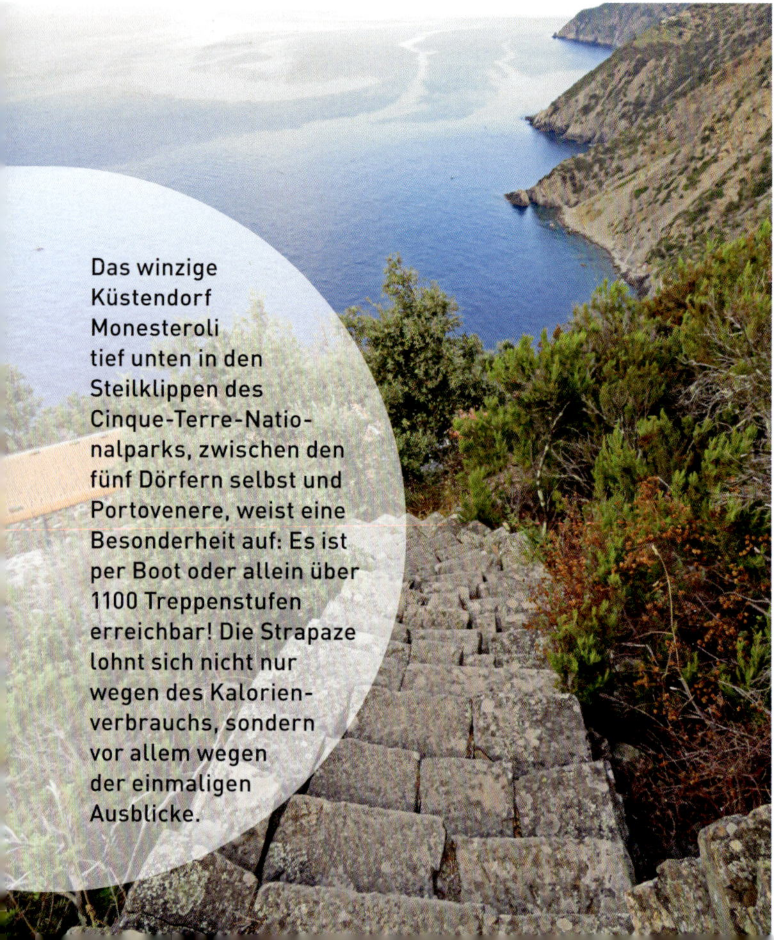

Das winzige Küstendorf Monesteroli tief unten in den Steilklippen des Cinque-Terre-Nationalparks, zwischen den fünf Dörfern selbst und Portovenere, weist eine Besonderheit auf: Es ist per Boot oder allein über 1100 Treppenstufen erreichbar! Die Strapaze lohnt sich nicht nur wegen des Kalorienverbrauchs, sondern vor allem wegen der einmaligen Ausblicke.

Wer Monesteroli besuchen und dabei nicht den einfachsten Weg per Boot wählen möchte, kommt nicht umhin, an Led Zeppelins Songtitel „Stairway to heaven" zu denken: Steht man oben auf dem Hügel, den man über Wanderweg 535 und dann 536 von der Ortschaft Campiglia erreicht, scheinen die roten Ziegeldächer von Monesteroli endlos weit entfernt und unerreichbar. In 415 Metern Tiefe setzen sich die Häuschen von den Klippen, vom Grün der umstehenden Bäume und vom Blau des Mittelmeers ab und wirken, als wollten sie sich gleich von den Felsen stürzen. Endlos erscheint ebenfalls die Treppe, die Scalinata Grande (große Treppe), die auf gut 1100 Stufen vom Hügel zum Dorf hinabführt.

Dass es überhaupt eine Treppe zu dem Dorf gibt, ist Bauern zu verdanken, die einst einen Transportweg für ihre auf den Terrassenfeldern wachsenden Weintrauben brauchten. Heute sind die meisten Häuser Monesterolis, die früher hauptsächlich als Keller zur Weinproduktion dienten, verlassen, andere wurden in Ferienhäuser verwandelt. Gerade in den

1100 Stufen bis zum Meer

Sommermonaten empfiehlt es sich, die Treppenwanderung in den frühen Morgenstunden in Angriff zu nehmen, denn die Sonne knallt ohne Erbarmen auf den steilen Weg. Der Schmerz in Oberschenkeln und Knien wird wettgemacht vom Säuseln des Windes und dem Rauschen der Wellen, das lauter wird, je näher man dem Ziel kommt. Um nicht einen Wahnsinnsblick als ständigen Begleiter zu vergessen – über die begrünten Felsen und die in der Sonne badenden, historischen Stufen vor der Weite des Meeres. Wer denselben Trainingseffekt erleben möchte wie die früheren Weinbauern, schleppt dabei auch noch Körbe voller Weintrauben herunter und wieder hinauf – oder zumindest einen mit Sonnencreme, Wasser und Proviant vollgepackten Rucksack.

Den Namen verdankt das Dorf angeblich zwei Mönchen (monastero = Kloster), die dort einst in aller Abgeschiedenheit gelebt haben sollen. Verübeln kann man es ihnen nicht, auch wenn man heute in Monasteroli offiziell nicht mehr bis ganz ans Meer herankommt – der letzte Teil der Treppe wurde nämlich von einem Erdrutsch vergraben und bis dato nicht wieder freigelegt. Wer trotzdem baden möchte, klettert über das Gestein und bahnt sich durch die Felsen einen Zugang zum Meer. Achtung: Offiziell ist dies nicht empfohlen und kann gefährlich sein, dennoch sieht man dort manchmal Einheimische oder Besucher baden.

Der Weg ist nur etwas für Schwindelfreie.

Dies ändert jedoch nichts an der Tatsache, dass der Weg als einer der schönsten Liguriens gilt – der aufgrund der Steile der Stufen jedoch selten überlaufen ist, da vielen Besuchern ganz einfach die Kondition oder auch der Mut fehlen, nach dem nicht ganz leichten Abstieg auch noch den sehr steilen Aufstieg zu bewältigen. Achtung: Wer glaubt, es sich leicht machen zu können und Monesteroli einfach per Boot zu besuchen, der könnte auch gleich von einer Pizza nur die Kruste essen! Der Reiz dieses besonderen Dorfes liegt nämlich vor allem in der Treppensteigerei und in den unglaublichen Weitblicken, die man sich ausnahmsweise richtig verdienen muss.

Info

Lage: knapp sieben Kilometer südlich von dem Cinque-Terre-Dorf Riomaggiore

Anfahrt: Ab La Spezia mit Bus 20 bis Campiglia (ca. 25 Minuten).

Informationen zur Wanderung: Ab Campiglia nimmt man mit rot-weißen Streifen markierten Wanderweg 535 mit schönen Ausblicken übers Meer und die Inseln Palmaria und Tino. Ist eine Asphaltstraße mit einem kleinen Haus erreicht, läuft man weiter bergab und findet bald darauf Wegweiser für den Wanderweg 536, dem man folgt. Man kommt vorbei an dem Brunnen von Nozzano (Fontana di Nozzano), wo man die Flaschen mit Trinkwasser auffüllen kann. Der Abstieg nach Monesteroli über die Scalinata Grande dauert etwa 30 Minuten.

Hinweise:

- Achtung! Diese Wanderung eignet sich absolut nicht für Menschen, die nicht schwindelfrei sind oder Höhenangst haben! Die Stufen sind extrem steil und es gibt keinerlei Geländer zum Festhalten!
- Man sollte unbedingt genug Wasser und etwas zu essen mitnehmen, da es in Monesteroli nichts zu kaufen gibt! Die letzte Möglichkeit, etwas zu erwerben, ist in Campiglia! Dort finden sich verschiedene Restaurants sowie die Bar En Goto Au' So, die neben leckerer Focaccia und Croissants auch kalte und heiße Getränke sowie ein paar Lebensmittel verkauft.
- Wer nach der Rückkehr nach Campiglia noch immer viel Power in den Beinen hat, kann erneut in die Tiefe steigen – bis zum malerischen Strand Spiaggia del Persico mit seinen dicken runden Steinen, der selbst in der Hauptsaison nicht überfüllt ist. Zum Hinlegen ist er nicht wirklich bequem und auch der Weg ins Meer will verdient sein, dafür badet man aber in herrlich klarem und sauberem Wasser. Um den Strand zu erreichen, nimmt man in Campiglia den Weg am Ristorante Lampara vorbei und läuft immer weiter nach unten.

PORTOVENERE

Das kleine Portovenere liegt nahezu am letzten Zipfel Liguriens und ist ein würdiger östlicher Ausklang der Region. Nicht nur die Lage über dem Meer mit Weitblick von gefühlt jeder Ecke macht das Dorf so beliebt, sondern auch sein historischer Reichtum mit einem Schloss, zahlreichen Kirchen und bemerkenswerten alten Häusern.

Das kleine, mittelalterliche Dorf macht seinem Namen alle Ehre. Unter einem „Hafen der Venus", der Liebesgöttin, stellen sich die meisten einen ganz schön romantischen Ort vor, und das ist er in den Augen der meisten auch. Genau wie die Cinque Terre gehört auch Portovenere, das zudem am sogenannten Golf der Poeten liegt, zum UNESCO-Weltkulturerbe, denn das Dorf mit knapp 3500 Einwohnern hat einiges zu bieten.

Sieht man Portovenere aus der Ferne, fallen drei Dinge auf: eine Menge kunterbunter Häuser, die sich zwischen Meer und Hügeln aneinander kuscheln, darüber wachend eine Festung bzw. das Schloss und linker Hand auf einer Halbinsel eine Struktur, die wie eine zweite Festung wirkt – es aber nicht ist! Bei genauerem Hinsehen ist ganz vorn ein Kirchturm erkennbar. Tatsächlich handelt es sich um Portoveneres charakteristische Kirche San Pietro von 1198, die wohl einen der schönsten Kirchenstandorte der Welt einnimmt. Das Gotteshaus besteht bis zum Turm aus schwarz-weiß gestreiftem Stein, der im 13. Jahrhundert hinzugefügt worden sein soll – ein Muster, das sich im Inneren fortsetzt. Doch viele Besucher sind so begeistert vom Weitblick, der sich von der Kirche aus bietet, dass sie glatt vergessen, auch mal hineinzuschauen und die Statue des Heiligen Peter zu begrüßen.

Chiesa di San Lorenzo

Enge Gasse

Sobald man durch das Stadttor in die Altstadt mit ihren verschlungenen Gassen eintritt, fühlt es sich ein bisschen an wie eine Rückkehr ins Mittelalter – nur, dass die kleinen Geschäfte in der Via Capellini nun auch Handyhüllen und mit der San Pietro-Kirche bedruckte T-Shirts feilbieten, die es damals eher nicht gab. Wer dem Trubel in den Gassen in der Hochsaison entkommen möchte, spaziert zum Castello Doria hoch oben auf einem Felsen. Das Schloss, das natürlich der berühmten Familie Doria gehörte, stammt aus dem Jahr 1161 und gilt als einer der imposantesten Militärbauten der Republik Genua an der Levante-Küste. Heute steht das Gebäude mit seinem hübschen Garten, der San Pietro überblickt, zum Besuch offen.

Außerdem stechen zwischen dem Schloss und San Pietro zwei zylindrisch geformte Bauten ins Auge, die Mulini di Portovenere, einst Mühlen, die aber auch als Warntürme dienten. Unweit davon erhebt sich die Kirche San Lorenzo aus dem 12. Jahrhundert, die für ihr Alter ganz schön herausgeputzt wirkt – was daran liegt,

Altstadtgasse

dass sie immer wieder restauriert wurde. Besucht man Portovenere am 17. August, hat man dort das große Glück, zusammen mit den Dörflern die „Weiße Madonna"' feiern zu können, die Schutzpatronin Portoveneres.

Egal, wo man in Portovenere auch über das Meer schaut, es schiebt sich stets die dicke Insel Palmaria ins Bild, der sich zwei kleinere Inseln, Tino und Tinetto, anschließen. Palmaria ist bekannt für ihre 36 magischen Höhlen, doch die erste Höhle kann man schon am Festland, in Portovenere selbst, bewundern – die Höhle Arpaia (auch Byron genannt, nach dem britischen Dichter). Direkt neben San Pietro führt ein Weg zu einer Terrasse seitlich der Höhle, wo Besucher gleich ausprobieren können, ob auch sie dort einen Kuss der Muse abbekommen, wie es einst Byron geschah.

Blick über die Bucht von Portofino

Info

Lage: ca. 13 Kilometer südlich von La Spezia

Anfahrt: Zwischen La Spezia und Portovenere verkehrt in regelmäßigen Abständen ein Bus, der eine gute halbe Stunde braucht. Einen Bahnhof hat das Dorf nicht.

Aktivitäten: Besuch der Kirche San Pietro, des Schlosses Doria, der Kirche San Lorenzo, der Mulini, der Höhle Arpaia oder Stadtbummel durch die Via Capellini und die Gassen, Bootstour zur Insel Palmaria und deren Grotten

- Chiesa di San Pietro: Lungo Calata Doria, 19025 Portovenere, Tel. +39 0187790684
- Castello Doria: Via die Mulini, Tel. +39 0187794800, *parconaturaleportovenere.it/castello-doria-di-porto-venere*
- Bootstouren: Man kann von Portovenere aus die Cinque Terre per Boot besuchen oder aber die dem Dorf vorgelagerten drei Inseln Palmaria, Tino und Tinetto. *cinqueterre.eu.com/de/bootsausfluege*, *portovenere.a-turist.com/de/three_island*

29 Palmaria, Tino und Tinetto

DREI INSELN, EIN UNESCO-WELTERBE

Palmaria, die mit knapp zwei Quadratkilometern größte der drei Inselchen im Golfo dei Poeti, liegt nur fünf Bootsminuten von Portovenere entfernt. Wo heute nicht einmal 50 Insulaner leben, befand sich ab Ende des 19. Jahrhunderts ein Stützpunkt der italienischen Marine – deren ehemalige Quartiere nach und nach in Touristenunterkünfte verwandelt werden sollen. Lohnen wird sich das bestimmt, denn die autofreie Insel ist ein Naturparadies mit mehreren Wanderwegen. Der beliebteste ist der Giro dell'isola, die Inselrunde, die auf etwa neun Kilometern einmal rund um die Küste führt, mehrere Aussichtspunkte inklusive. An klaren Tagen kann man sogar die toskanischen Inseln Elba, Gorgona und Capraia ausmachen.

Die Rundwanderung ist die beste Möglichkeit, die vielfältigen Landschaften der kleinen Insel zu erleben – von der dicht mit mediterranem Buschwerk bewachsenen Ostseite bis zu den unwirschen, bis zu 188 Meter hohen Felsen der Westseite. Tief unten in diesen Felsen verbirgt sich die Grotta Azzurra, Palmarias blaue Grotte, die nur per Boot zu erreichen ist, sowie die Grotta dei Colombi, die Grotte der Tauben – obwohl sie eher von Möwen

Kurz vor der Küste Portoveneres liegen drei Inseln – die für Besucher offene Insel Palmaria und die beiden Inselchen Tino und Tinetto, alle drei seit 1997 auf der Liste des UNESCO-Welterbe. Dabei bietet Palmaria neben Wanderwegen durch nahezu unberührte Natur Grotten sowie eine Menge Kultur und Geschichte.

Auf dem Wanderweg von Palmaria

als von Tauben umschwärmt wird. Der Besuch Letzterer ist etwas für die ganz Mutigen, denn man kommt nur zur Grotte, wenn man sich abseilt! Im Inneren fand man mehr als 5000 Jahre alte Gräber sowie Tierskelette, die Millionen von Jahren alt sein sollen und sich nun im Zivilmuseum von La Spezia befinden. Sehr lebendig sind hingegen viele wilde Ziegen und Kaninchen, die manchmal über den Weg hopsen, sowie in Ligurien seltene Geckos mit Zehen in Form von Blättern, Tarantolinos.

Interessant zu sehen ist außerdem der Rest eines Marmor-Steinbruchs an der ruhigen Südseite, Pozzale genannt, wo sich ein gleichnamiges Restaurant mit Blick über die Insel Tino befindet. Der schwarze Marmor Palmarias mit goldenen Venen (portoro) wurde dort bis vor etwa 30 Jahren abgebaut und galt als äußerst wertvoll. Noch immer ist eine Schiene den steilen Hügel hinab zu erkennen, über die der Marmor ans Ufer gelangte und in Boote verschifft wurde.

Am Punta Scuola an der Nordostspitze stößt man dagegen auf die Festung Umberto I. aus dem 19. Jahrhundert, ebenfalls als Seefestung bekannt, die bis in die 1950er-Jahre als Gefängnis genutzt wurde und heute Ausstellungen sowie Kulturevents beherbergt.

Daneben stechen entlang des Weges immer wieder Bunker ins Auge, Überbleibsel des Zweiten Weltkriegs, sowie von der Natur fast vollkommen zurückeroberte Flugabwehrgeschütze.

Blick auf die Chiesa di San Pietro von Portovenere

Unternimmt man von Palmaria aus eine Bootstour, lässt sich die nach Süden spitz zulaufende, etwa dreieckige Form der Insel ausmachen, und gerade mal 500 Meter später schließt sich die Isola del Tino mit ihrem Leuchtturm an, dessen Licht nachts bis Portovenere zu sehen ist. Dort lebte bis zum Jahr 630 angeblich der Schutzherr des Golfs von La Spezia, San Venerio. Genau wie die kleinste Insel, Tinetto, ist Tino nicht für Besucher zugänglich, weshalb sich dort viele Vögel und andere Tiere angesiedelt haben. Der wichtigste Tag des Jahres für Tino ist der 13. September, das Fest zu Ehren von San Venerio. Zu diesem Anlass findet eine Meeresprozession mit vielen Booten statt, wobei die Statue des Heiligen von La Spezia nach Tino befördert wird. Dieser Tag sowie der folgende Sonntag sind die einzigen Momente des Jahres, an denen die Insel besucht werden darf. Tinetto, nicht viel mehr als ein 18 Meter hoher Fels im Meer, ist dagegen 365 Tage im Jahr besuchsfrei, dafür aber Heimat von umso mehr Möwen und der ganz besonderen Mauereidechse von Tinetto.

Das Inselchen Tino

Info

Lage: ca. ein Kilometer vor der Küste von Portovenere

Anfahrt: Ab Portovenere (Molo Doria) verkehrt eine Fähre nach Palmaria (Terrizzo) sowie eine zusätzliche Fähre nach Punta Secco auf Palmaria; *barcaioliportovenere.com*. Achtung: Bei schlechtem Wetter oder zu rauem Meer kann der Service entfallen! Im Sommer gibt es ebenfalls eine Fähre direkt von La Spezia nach Palmaria (Terrizzo und Pozzale): *navigazionegolfodeipoeti.it*
Auch private Boote dürfen auf Palmaria anlegen.

Aktivitäten auf Palmaria: Wanderung von neun Kilometer rund um die Insel (ca. drei Stunden) oder auf einem der anderen gut ausgeschilderten Wege im Inselinneren. Besuch der Grotten, der Festung Umberto I. und der Strände

Hinweis: In Terrizzo, wo die meisten Fähren anlegen, befindet sich die Locanda Lorena, ein beliebtes Restaurant, wo man u. a. mit frischem Fisch, Meeresfrüchten und einem besonders leckeren Dessert versorgt wird – der „Torta di pere e cioccolato" (Torte mit Birnen und Schokolade). Via Cavour 4, Isola Palmeria, Tel. +39 0187792370, *locandalorena.com*

30 Lerici

„PERLE DES GOLFS DER POETEN"

Mancher Liebhaber der Werke von Percy Shelley oder Lord Byron mag noch immer versuchen, das für die perfekte Postkarte gemachte Lerici durch die Augen der großen Dichter zu sehen – nach denen der Golfo dei Poeti an dieser Stelle sogar benannt ist. Dass Shelley in diesem Golf 1822 sein Leben ließ, als er mit seinem Segelboot einem Sturm zum Opfer fiel, wissen allerdings die wenigsten. Doch die beiden waren nicht die Einzigen, die das Küstendorf inspirierte – schon Dante erwähnte Lerici in „Göttliche Komödie", und später verbrachten dort unter anderem Henry James, D.H. Lawrence und Virginia Woolf ihre Urlaube.

Der hübsche Küstenort Lerici im äußersten Süden Liguriens ist alles andere als ein Geheimtipp – aber trotz der Vielzahl an Touristen so sehenswert wie die Dörfer der Cinque Terre. Schon Dichter wie Dante blickten dort vielleicht ebenso sehnsüchtig von der Burg in die Ferne wie heutige Besucher. Denn Lerici ist weithin bekannt als „Perle des Golfs der Poeten".

Egal, aus welcher Richtung man sich Lerici nähert, schon von Weitem sticht die Burg, die mit ihrer stattlichen Festung und fünfeckigem Turm um 1550 fertiggestellt wurde (nach Baubeginn im Jahre 1152!), ins Auge. Heute steht sie für Besucher offen und beherbergt auch eine Kapelle aus dem 13. Jahrhundert. Das paläontologische Museum, das sie ebenfalls beheimatete, wurde 2015 allerdings geschlossen. Viele nehmen den Aufstieg zur Burg vor allem des Ausblicks wegen in Kauf – der reicht nämlich nicht nur über das

gesamte Dorf, sondern auch über den kleinen Hafen, den Por-
ticcioli di Lerici, den Hauptplatz Piazza Mottino mit vielen Restaurants und bis nach Portovenere auf der gegenüberliegenden
Seite der Bucht.

Hafen von Lerici

Hat man sich an dem Weitblick sattgesehen, lohnt sich ein Abstecher zur Kirche San Francesco, im 12. Jahrhundert errichtet,
deren Inneres zahlreiche Kunstwerke zur Schau stellt, darunter
eine Madonna mit Kind von Domenico Piola, einem der bekanntesten Maler des genuesischen Barocks. Schlendert man durch
Lerici, präsentiert es nicht nur die für ligurische Dörfer üblichen
bunten Häuser, sondern auch einige Villen, die auf das 17. und
18. Jahrhundert zurückgehen. Wohin man auch blickt, es zeigen
sich Spuren der vielseitigen Geschichte, denn Lerici lockte sowohl
die Griechen als auch Römer, die Genueser und Pisaner an.

Wem die Ortschaft selbst gerade im Sommer zu überlaufen ist, der findet Ruhe und Abgeschiedenheit auf einfachen Wanderungen oder Spaziergängen im Regionalpark Montemarcello-Magra-Vara oder im Flusstal des Magra mit den umgebenden Hügeln und Bergen. Vom Hafen aus brechen hingegen Boote zu den Cinque Terre und anderen sehenswerten Küstenorten auf, und wer einfach mal nur entspannen möchte, fährt an Lericis Strand – der immerhin Sand aufweist! Besonders beliebt bei den Einheimischen ist dagegen die winzige Cala Maramozza, auch Cala di Levante genannt, dank ihres besonders türkis- und smaragdfarben schillernden Wassers. Kennt man sich nicht aus, ist der Weg nicht leicht zu finden: Die Bucht befindet sich südlich des Zentrums, in Richtung Tellaro, und ist erreichbar über einen Fußweg, der von der Via Fiascherino abgeht. Die „Anreise" mag also zusätzlichen Aufwand bedeuten, der aber mit einem ganz besonderen Badevergnügen belohnt wird.

Einkaufsgasse der Altstadt

Blick von der Festung

*I*nfo **Lage:** ca. elf Kilometer südlich von La Spezia

Anfahrt: Lerici ist nicht an den Bahnverkehr angeschlossen, aber zwischen La Spezia und Lerici verkehrt in regelmäßigen Abständen ein Bus (Linie L oder S). Fahrtdauer ca. 30 Minuten.

Aktivitäten in Lerici: Besuch der Burg, der Kirche San Francesco, Dorfbummel, Bootsausflüge, Abstecher in die Natur in den Regionalpark Montemarcello-Magra-Vara oder ins Flusstal des Magra, Strandbesuch oder Spaziergang zur Cala Maramozza

- Castello di Lerici (Burg): Piazza S. Giorgio, 19032 Lerici, *lericicoast.it/en/strutture/castello-di-lerici*

Hinweis: Es ist sehr empfehlenswert, Lerici außerhalb der Hauptsaison zu besuchen oder während der Hauptsaison früh am Morgen, bevor der Touristenandrang beginnt.

31 Tellaro

FISCHERDORF MIT KRAKEN-LEGENDE

Nur drei Kilometer südlich von Lerici schmiegt sich das gut 1200 Einwohner starke Fischerdorf Tellaro an den Golf von La Spezia bzw. den Golfo dei Poeti. Schon der Umstand, dass die Ortschaft nur über eine einzige Straße erreichbar ist, nämlich ab Lerici über die Landstraße durch die Gemeinde Fiascherino, verleiht Tellaro ein gewisses „Am Ende der Welt"-Gefühl. Nicht, dass das Dorf sonst vollkommen abgeschnitten wäre! Es ist durchaus auch über steile Pfade zu Fuß erreichbar, doch die Mühe machen sich nur begeisterte Wanderer – denen unter anderem die Wanderung von Lerici nach Tellaro zu empfehlen ist (ca. zwei Stunden), mit Weitblick über die ganze Bucht, bis hinüber zu den Inseln von Palmaria und vorbei an Portesone. Das Ruinendorf, das bereits im 16. Jahrhundert wegen der Pest verlassen wurde, versteckt sich nun inmitten von Olivenbäumen und Weinreben. Auf einen herrlichen Aussichtspunkt führt ein früherer Maultierpfad („mulattiera") in Richtung Tellaro, bis zur Via Matteotti.

Erwähnt man einem Ligurer gegenüber Tellaro, denkt der nicht an die Bilderbuchkulisse von bunten Häusern auf Felsen über dem Meer. Auch nicht an verschlafene Gassen oder Wandermöglichkeiten. Stattdessen denkt er an eine Krake, die nach einer Legende für immer mit dem Ort verbunden sein wird.

Ist das Dorf erst einmal erreicht, versteht sich von selbst, wieso es ebenfalls auf die lange Liste der schönsten Dörfer Italiens gehört.

Chiesa di San Giorgio

Die farbenfrohen Häuschen wirken wie auf die steilen Klippen geklebt, und das gesamte Dorf wirkt so idyllisch, als hätten die Einwohner gar keinen Begriff für Stress in ihrem Wortschatz. Ein Haus schmiegt sich ans nächste, und allesamt scheinen sie sich an die Kirche San Giorgio aus dem 16. Jahrhundert an der vordersten Felsspitze zu kuscheln. Aus der Ferne erinnert das Ensemble sogar an ein Schiff mit der Kirche als Bug, bereit, jederzeit in See zu stechen. Unterhalb von San Giorgio dümpeln Fischerboote auf dem ruhigen Wasser des winzigen Hafens, die genauso bunt sind wie die Häuser in ihrem Rücken.

Verwinkelte Gassen

Doch Tellaro hat mehr zu bieten als nur fotogene Spots und eine charmante Atmosphäre. Es ist laut Legende auch die Stadt der omnipotenten Krake! Eine solche schützte das Örtchen angeblich vor einem Piratengriff. Wie? Die clevere, überdimensionale Krake sah von ihrem Posten im Meer aus die herannahenden Räuber und huschte schnell zur Kirche. Dort begann sie wie verrückt die Glocken zu läuten, was die Dorfbewohner alarmierte und ihnen genug Zeit gab, sich gegen den Angriff zur Wehr zu setzen. Die Krake wird bis heute geehrt, und zwar jährlich am zweiten Sonntag im August, wenn die große „Sagra del Polpo" startet, das Krakenfestival.

Darüber hinaus pflegt man in Tellaro eine weitere, einzigartige Tradition: Die Dörfler feiern jeden Weihnachten die Geburt Christus unter Wasser! Dafür platzieren Taucher eine Figur des Christuskindes im Meer vor der Küste, die in der Nacht zum 25. Dezember geborgen wird – vor mehr als 8000 Kerzen am Ufer und gefolgt von einem riesigen Feuerwerk.

Die Häuser verschmelzen mit dem Meer.

Fassaden über dem Meer

Info

Lage: ca. drei Kilometer südlich von Lerici

Anfahrt: Ab Lerici verkehrt in regelmäßigen Abständen ein Bus über Fiascherino bis nach Tellaro. Fahrtdauer ca. 15 Minuten..

Aktivitäten: Dorfbummel, Besuch der Kirche San Giorgio, Fotoshooting, Wanderungen bis nach Lerici oder ins hügelige Hinterland Tellaros, unter anderem bis zum schmucken Dorf Montemarcello.

Restaurant:
- Osteria La Caletta: besonders leckere regionale, hausgemachte Speisen, mit gemütlichem Ambiente und einer schönen Terrasse mit Blick ins Grüne; Località Fiascherino 100, 19032 Tellaro, Tel. +39 0187964000, *osterialacaletta.com*

32 Sarzana

STADT MIT ZWEI FESTUNGEN

Da Sarzana nicht direkt an der Küste liegt und eher eine Kleinstadt als ein Dorf ist, wird es oft übersehen. Dabei steckt der Ort voller historischer Highlights, worunter die offensichtlichsten zwei imposante Festungen sind.

Keine Insel mit zwei Bergen, aber eine anschauliche Kleinstadt mit zwei Festungen, das ist Sarzana, eine der letzten ligurischen Ortschaften, bevor die Toskana beginnt. Das Städtchen liegt am Fluss Magra, am Fuße des Sarzanello-Hügels. Es ist Teil des Regionalparks Montemarcello-Magra-Vara und befindet sich unweit der sogenannten Alpi Apuane, beides beliebte Ausflugsziele für überwiegend Naturliebhaber und Wanderer aus der Region.

Die touristische Haupt-attraktion Sarzanas sind zunächst einmal die berühm-ten Festungen – die Burg Fortezza di Sarzanello, die das Städtchen von einem Hügel aus überwacht, sowie die Burg Firmafede, auch als La Citadella bekannt, die sich in den alten Stadtkern einfügt. Die Fortezza gilt als

Fortezza di Sarzanello

eines der Stadtwahrzeichen und war eine militärische Festung mit unerschütterlichen Mauern, die jedem Angriff standhalten konnten – denn vor Entstehen des heutigen Sarzana befand sich an jener Stelle die antike Stadt Luna, die immer wieder von den Sarazenen eingenommen wurde. Das Außenwerk der Burg hat die Form eines Schiffsbugs, wie bei vielen weiteren Burgen der Renaissance. Von der Fortezza aus, aber auch von dem Hügel selbst (falls die Burg geschlossen haben sollte), bietet sich das beste Panorama über die Stadt sowie über die bereits toskanisch angehauchte Landschaft und bis zum Meer.

Die Cittadella gab es schon, da war der Bau der Fortezza noch nicht einmal ein Gedanke. Ihr Ursprung geht auf das Jahr 1249 zurück, jedoch wurde sie zwischenzeitlich zerstört und wieder neu aufgebaut, unter anderem Ende des 15. Jahrhunderts, als Sarzana wieder in den Besitz der Republik Genua fiel. Man betritt die Festung über eine Steinbrücke und durch das Haupttor, das den Blick auf einen riesigen Innenhof eröffnet. Einst als Gefängnis genutzt, beherbergt die Cittadella heute Ausstellungen und kulturelle Events sowie ein interaktives Museum rund um Sarzanas Geschichte.

Auch wenn die mächtigen Festungen alle Aufmerksamkeit auf sich zu ziehen versuchen, lohnt sich ebenso ein Spaziergang durch die Straßen und Gassen mit ihren pastellfarbenen Häusern, die immer wieder zu schmucken Plätzen mit Bars und Restaurants führen. Früher oder später wird man dabei auf die Cattedrale di Santa Maria Assunta stoßen, die ab 1204 errichtet wurde und in ihrem Inneren wunderschöne Kunstwerke verbirgt. Darunter befindet sich ein Kruzifix von Mastro Guglielmo, das erstdatierte gemalte Kreuz in der Kunstgeschichte.

Fortezza di Sarzanello

Auch Überreste der alten Stadtmauer sind in Sarzana noch immer zu sehen, darunter die sogenannten Torrioni, kleinen Türme, die gleichzeitig für den Zugang und die Verteidigung der Stadt standen: Im Südwesten stößt man auf den Torrione Testaforte, im Norden auf den Torrione Genovese sowie den Torrione Stella und im Nordosten auf den Torrione San Francesco.

Eingang zur Festung

Info

Lage: ca. 17 Kilometer östlich von La Spezia

Anfahrt: Ab La Spezia verkehren in regelmäßigen Abständen Regionalbahnen nach Sarzana, Dauer ca. 20 Minuten.

Aktivitäten: Stadtbummel, Schlemmen in einem der Restaurants oder Entspannen bei einem Cappuccino auf einem der schönen Plätze, Besichtigung der beiden Festungen, Spaziergang an den Überresten der alten Stadtmauer entlang bis zu den Torrioni, Wanderung in der umgebenden Natur

- Fortezza di Sarzanello: Via della Fortezza, 19038 Sarzana, Tel. +39 0187622080, *fortezzadisarzanello.com*
- Fortezza Firmafede/Cittadella: Piazza Cittadella, Tel. +39 0187622080, *fortezzafirmafede.it*

Ponente

Hinterland und Küste nahe Genua

Arenzano

Ponente

Hinterland und Küste nahe Genua

Es gibt Orte, die sind vor allem ein Lieblingsziel der Ligurer selbst – wie der Lago di Osiglia. Dort verbringt man einen entspannten Tag fernab der Massen an der Küste, geht Wassersportarten nach, spaziert am Ufer entlang und lässt sich dann mit hausgemachten Spezialitäten im Dorf verwöhnen.

Er ist der größte See in der Provinz Savona und für ausländische Touristen eher ein Geheimtipp – der etwa drei Kilometer lange künstliche See Osiglia inmitten des Tals Val Bormida, in den Hügeln oberhalb des Flusses Osiglietta und umgeben von Buchen- und Kastanienwäldern. Angelegt wurde der See im Jahr 1937 aus einem ganz praktischen Grund, nämlich, um ein Elektrizitätswerk mit Energie zu versorgen. Dafür wurde ein an dieser Stelle stehendes Dorf geopfert, dessen Ruinen samt Kirche jedoch alle zehn Jahre wieder zum Vorschein kommen: immer dann, wenn die etwa 13 Millionen Kubikmeter Wasser des Sees zu Wartungszwecken entleert werden. Wer das Glück hat, einmal dabei zu sein, erlebt ein einmaliges Schauspiel des „wiederauferstehenden Dorfes".

Rechter Hand führt die ruhige Straße Strada provinciale 16 am See vorbei, während sich links die wilde und natürliche Seite ausbreitet, voller dichtem Baumbestand mit Buchen, Kastanien und Eichen sowie manch verstecktem kleinen Strand, ideal für ein Stelldichein oder Picknick. Ungefähr in der Mitte zieht sich die Manfrin-Brücke über den See, ein idealer Rundum-Fotospot.

Blick über den See

Unter den Einheimischen ist der Lago di Osiglia vor allem bei Wassersportlern beliebt, denn er drängt sich geradezu auf zum Kanufahren (Kanus kann man am See mieten), für SUP (Stand-up-paddle) oder zum Fischen, denn im See leben unter anderem Forellen, Hechte und Karpfen. Gerade im Sommer finden auf dem See auch Kanu- oder Fischer-Wettbewerbe statt.

Ein Schild beschreibt die Fische des Sees.

Wer sich weniger sportlich verausgaben und lieber nur einen Spaziergang machen möchte, findet auf der linken Seeseite einen schönen, asphaltierten Weg am Ufer entlang und durch die Wälder, der hinter dem Kanuverleih beginnt. Er nennt sich Sentiero nel tempo, Weg durch die Zeiten, und ist flankiert von mehreren Informationsschildern zum Leben im See, dem früheren Dorf an jener Stelle und vielen weiteren wissenswerten Einzelheiten rund um den Lago di Osiglia. Auch wenn viele kleine Strände zugänglich sind, ist das Baden im See selbst im Sommer nicht empfohlen.

Viele Ligurer kommen der Erholung wegen zum Lago di Osiglia – und um sich kulinarisch verwöhnen zu lassen. O-Ton einer Unterkunftsbesitzerin: „Osiglia ist ein tolles Dorf, denn dort kann man super essen!" Neben der Bar und dem Restaurant des L'Imbarcadero bietet die hölzerne Al-Mazut-Bar am linken Seeufer ein entspanntes Ambiente, um einen Cappuccino mit Seeblick zu schlürfen oder sich bei einem Snack zu stärken. Dort sammeln sich regelmäßig viele Wanderer und Radfahrer, die auch öfters zu einem Plausch aufgelegt sind, denn hier spielt die Zeit keine Rolle mehr. Wer jedoch richtig gut essen möchte, fährt ins Dorf selbst ein Stück weit vom See entfernt, wo das Restaurant C'era una volta vorzügliche ligurische Hausmannskost anbietet – und selbst der Apfelstrudel als Nachtisch ist keineswegs zu verachten!

Café am See

Info

Lage: knapp 50 Kilometer landeinwärts von Savona

Anfahrt: Mit dem öffentlichen Nahverkehr kommt man nur sehr umständlich nach Osiglia, besser ist es, mit dem Auto zu fahren.

Aktivitäten: Spazierengehen, Leihen eines Kanus oder SUPs, Fischen, Entspannen am See, Picknicken, Schlemmen im Restaurant

- Kanu- oder Tretbootverleih: wegen aktueller Öffnungszeiten am besten vorher anrufen; Bar Ristorante L'Imbarcadero, Località Giacchini 9, 17010 Giacchini SV, Tel. +39 0195522519

Restaurants:
- Al Mazut Bar: SP16 8, 17010 Giacchini SV, Tel. +39 3498404683
- Restaurant C'era una volta: Località Barberis 27, 17010 Osiglia SV, Tel. +39 019542139

34 Von Arenzano bis Cogoleto

ZU FUSS ODER PER RAD DEM MEER NACH

Einer der schöns-
ten Spazier- und
Fahrradwege am
Meer führt auf etwa
drei Kilometern – und
auf den Spuren von
Liedermacher De André –
entlang einer asphaltier-
ten Meerespromenade von
Arenzano nach Cogoleto.
Der Weg folgt einer ehe-
maligen Bahnlinie und
lässt sich per Fahrrad
auf weiteren gut sie-
ben Kilometern bis
ins Dorf Varazze
fortsetzen.

Dass man in Ligurien ganz unbeschwert auf mehreren Kilometern direkt am Meer entlangspazieren kann, kommt nicht oft vor – und erst recht nicht, dass sich entlang dieser Strecke auch noch ein wunderbar ausgebauter Fahrradweg befindet. Umso beliebter ist der knapp drei Kilometer lange Weg nun bei Einheimischen und Besuchern (weshalb es gerade an Wochenende richtig voll werden kann), der über einer ehemaligen, 1970 stillgelegten Bahnstrecke entstand. Es gibt praktisch keine Steigungen, nur einen Strand nach dem anderen, die in den Sommermonaten zu immer neuen Badestopps verführen – weshalb es auch mal etwas länger dauern kann, bis das nächste Dorf erreicht ist.

Ausgangspunkt der Tour ist der Porticciolo di Arenzano, der kleine Hafen des modernen Küstenstädtchens. Dort können begeisterte Radler auch ein Fahrrad für den Tag mieten und sich nicht nur Cogoleto, sondern auch das nach weiteren sieben Kilometern erreichte Varazze auf die Zielliste setzen. So kurz die Strecke auch ist, so ist sie

Fahrradverleih in Arenzano

Fuß- und Fahrradweg am Meer entlang

Immer wieder eine Traum-Aussicht

Tunnels sorgen für Abkühlung an heißen Tagen.

Street-Art im Tunnel zum Gedenken an De André

COGOLETO

paese natale di
Cristoforo Colombo

Ankunft in Cogoleto, angeblich Geburtsort von Kolumbus

doch perfekt auf Spaziergänger und Radler vorbereitet, wobei der separate Radweg durch eine gelbe Linie markiert ist. Das Grün der mediterranen Buschlandschaft kontrastiert mit dem Blau des Mittelmeers, sodass man gar nicht allzu schnell vorankommen, sondern lieber mal länger auf einer der vielen Bänke verweilen möchte. Sogar, wer nicht genug Wasser dabeihat, findet unterwegs in den Sommermonaten eine Menge Badeanstalten mit ihren Bars sowie einen Trinkbrunnen, wo man die Flasche ganz umsonst wieder auffüllen kann.

Doch Strände und Bars sind nicht etwa alles, was am Wegesrand wartet. Es gibt auch einiges zu lernen – über Liguriens beliebten Liedermacher Fabrizio de André, dem wir bereits in Genua begegnet sind. Ihm ist nämlich der längste Abschnitt der Promenade ab Arenzano gewidmet, die Via Fabrizio De André. Selbst ein Tunnel auf halber Strecke wurde unter anderem mit mehreren De André-Wandmalereien, sogenannten Murales, verziert. In Form von schönster Street-Art finden sich Abbilder des Liedermachers selbst und Titel seiner Lieder sowie Symbole daraus an den Wänden verewigt. Dem frei zugänglichen „Open-Air-Museum" folgen immer wieder in die Pflastersteine eingelassene Verse aus De Andrés wohl bekanntestem Lied, „Creuza de Ma", das die so typischen, steil zum Meer abfallenden Gassen der Region zu Protagonisten macht.

Und wer in Cogoleto angekommen erst so richtig Lust hat, noch mehr zu erkunden, der geht oder fährt einfach weiter in Richtung Varazze. Auch auf diesem Abschnitt geht es immer der Küste entlang, mit ausreichend Bade- und Einkehrmöglichkeiten sowie Aussichtspunkten über die Bucht, die zu Fotostopps einladen.

Info

Lage: Arenzano liegt knapp 30 Kilometer westlich von Genua an der Küste

Anfahrt: Ab Genua verkehren regelmäßig Regionalbahnen bis nach Arenzano (ca. 35 Minuten). Läuft oder radelt man nach Cogoleto oder auch weiter nach Varazze, kann man von dort ebenfalls mit der Bahn zurückkehren.

Hinweise: Die Promenade von Arenzano bis Cogoleto umfasst knapp drei Kilometer, von dort bis nach Varazze sind es weitere etwa sieben Kilometer. Der gesamte Abschnitt ist auf einem flachen, asphaltierten Weg für jedermann gut zu Fuß begehbar, aber auch per Fahrrad befahrbar. Es gibt teils einen separaten Radweg, teils teilen sich Fußgänger und Radfahrer einen Weg. Streckenweise geht man auf sonnigen Wegen, es gibt jedoch auch viele zu durchquerende Tunnel (da es sich um eine ehemalige Bahnstrecke handelt) und schattige Abschnitte unter Bäumen. Die Einkehrmöglichkeiten unterwegs sind ebenso zahlreich wie die Badeoptionen an verschiedenen Stränden.

- Arenzano Fahrradverleih am Hafen: Bei schlechtem Wetter bliebt der Verleih oft geschlossen.
  Für Reservierungen während der Hauptsaison sollte man vorab Kontakt aufnehmen; Tel. +39 3661434787, *arenzanoturismo.it/rent-a-bike.htm*

35 Leichte Wanderung zum Lago della Tina

Denkt man an einen Ort der Stille, höchstens unterbrochen von Vogelgezwitscher und Wasserrauschen, vermutet man leicht eine lange, mühsame Anreise. Doch dies ist im Fall des Lago della Tina ein Irrtum – was glücklicherweise auch viele Ligurer noch nicht bemerkt zu haben scheinen, denn die Wege zum See sind selbst in der Hauptsaison vergleichsweise leer. Die etwa halbtägige Wanderung zum See mit seinem Wasserfall beginnt in dem kleinen Ort Agueta im Hinterland zwischen Arenzano und Cogoleto und beträgt hin und zurück etwa zehn Kilometer.

Er verbirgt sich gar nicht so weit von der Küste entfernt im Hinterland von Arenzano – der Lago della Tina, doch waren selbst viele Ligurer noch nie dort. Dabei hält die Gegend wunderschöne, auch für ungeübte Wanderer gut begehbare Wege bereit sowie bei Ankunft am See eine für das eher trockene Ligurien echte Überraschung: einen kleinen Wasserfall.

Fährt man mit dem Auto nach Agueta, geht es vom Parkplatz zunächst einmal geradeaus weiter, bis zum Wegweiser für Wanderer auf der linken Straßenseite. Schon sind Asphalt und Beton vergessen. Weiter unten rauscht der erste kleine Wasserfall in die Tiefe, und der Steinweg führt über einen Bach bis zum sogenannten Passo del Gua. Noch lässt sich das Meer in der Ferne ausmachen, scheint jedoch bald ein Phänomen aus einer anderen Welt, während es tiefer in den Wald hineingeht.

Wer Durst hat oder vorsichtshalber noch einmal die Wasserflasche auffüllen möchte, macht einen Abstecher zum Unterschlupf Riparo Cianella mit Brunnen und einer im Sommer meist geöffneten Bar, ansonsten folgt man weiter dem gut ausgeschilderten Pfad in Richtung Lago della Tina (weitere 35 Minuten Gehzeit entfernt). Tief unterhalb des Weges plätschert der Torrente Lerone, ein meist friedlicher Bach, während der Blick über die bewaldeten Hügel des Hinterlandes schweift.

Kleine Wasserfälle kündigen den Lago della Tina an.

Ein in regelmäßigen Abständen auf Felsen oder Steine gemaltes rotes T bringt Wanderer sicher bis zum Passo du Figu und wenige Meter weiter zum Lago della Tina. Er kündigt sich bereits an mit winzigen Seen und Quellen zwischen den Felsen.

Schöner Wanderweg zum See

In den See selbst plätschert beständig ein kleiner Wasserfall, umgeben von steilen Felswänden. Baden ist in dem etwa sechs Meter tiefen See nicht verboten, es gilt jedoch, die übliche Vorsicht walten zu lassen. Wer nicht baden möchte, findet an dem ruhigen Ort den schönsten Picknickspot – und einen Stein mit einer Inschrift von Gino Damonte: „La scheggia trafigge con urlo di ghiaccio l'essenza infinita dell'atomo eterno." (Der Splitter durchbohrt mit einem Schrei aus Eis den unendlichen Geist des ewigen Atoms). Wer dabei nur Bahnhof versteht, ist vielleicht noch nicht tief genug eingetaucht in die Poesie dieses stillen Naturortes, um die Worte des beliebten Arztes aus Arenzano nachzuvollziehen.

Manchmal kann man im Lago della Tina sogar baden.

Auf dem Rückweg empfiehlt es sich, statt direkt nach Agueta zurückzukehren dem Wegweiser in Richtung Ponte Negrone in die Tiefe zu folgen (etwa 20 Minuten): Am Zusammenfluss von Rio Lerone und Rio Negrone überspannt die Ponte Negrone, eine Brücke, die Schlucht. Früher transportierte von dort ein Aquädukt Trinkwasser bis nach Arenzano, heute treten Wanderer ein in einen Wald voller Steineichen, bis sich immer mehr Panoramablicke über das Lerone-Tal und die umgebenden Berge eröffnen. Wer im Lago della Tina nicht gebadet hat, findet kurz hinter der Brücke eine Menge winziger Pools in den Felsen, in denen man entspannt und in absoluter Stille und Einsamkeit sitzen und sich den Rücken von kleinen Wasserfällen massieren lassen kann. Der Aufstieg zurück zum Pfad nach Agueta mag schweißtreibend sein, aber wer Abgeschiedenheit und Idylle sucht, nimmt das zusätzliche Training gerne auf sich. Ist man mit öffentlichen Verkehrsmitteln angereist und muss nicht zum Auto in Agueta zurückkehren, kann man von der Ponte Negrone auch direkt ins Tal absteigen (den Schildern Richtung Lerca folgend) und kommt zwischen Arenzano und Cogoleto raus (Achtung – dieser Weg führt zum Teil an wenig befahrenen Landstraßen ohne Bürgersteig entlang).

Schöner Ort zum Entspannen und Picknicken

Info

Lage: Agueta du Sciria, der Ausgangspunkt der Wanderung, befindet sich knapp drei Kilometer vom Zentrum Arenzanos entfernt; GPS: 44.4119981,8.6667523

Anfahrt: Ab Arenzano verkehrt etwa einmal die Stunde ein Bus in Richtung Agueta, Dauer ca. zehn Minuten. Man steigt aus an der Haltestelle Via Marconi 204R. Ansonsten kann man auch entlang der Landstraße hoch nach Agueta laufen (ca. 20 Minuten) – der Weg ist allerdings recht steil.

Hinweis: Die Wanderung ab Agueta bis zum Lago della Tina und zurück beträgt etwa zehn Kilometer und nimmt einen halben Tag in Anspruch (ca. vier Stunden). Man sollte festes Schuhwerk tragen, mindestens Sportschuhe. Die Wanderung ist recht einfach, man muss Höhenunterschiede von ca. 302 Meter rauf und runter bewältigen. Der höchste Punkt erreicht 476 Meter. Es finden sich viele Wegweiser entlang der Strecke, sodass die Orientierung leicht ist. Der Pfad eignet sich nicht für Leute mit Höhenangst!

Ponente
Zwischen Savona und Alassio

Alassio

Ponente

Zwischen Savona und Alassio

36 Bergeggi

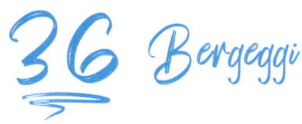

LIGURIENS BEST-OF AN STRÄNDEN

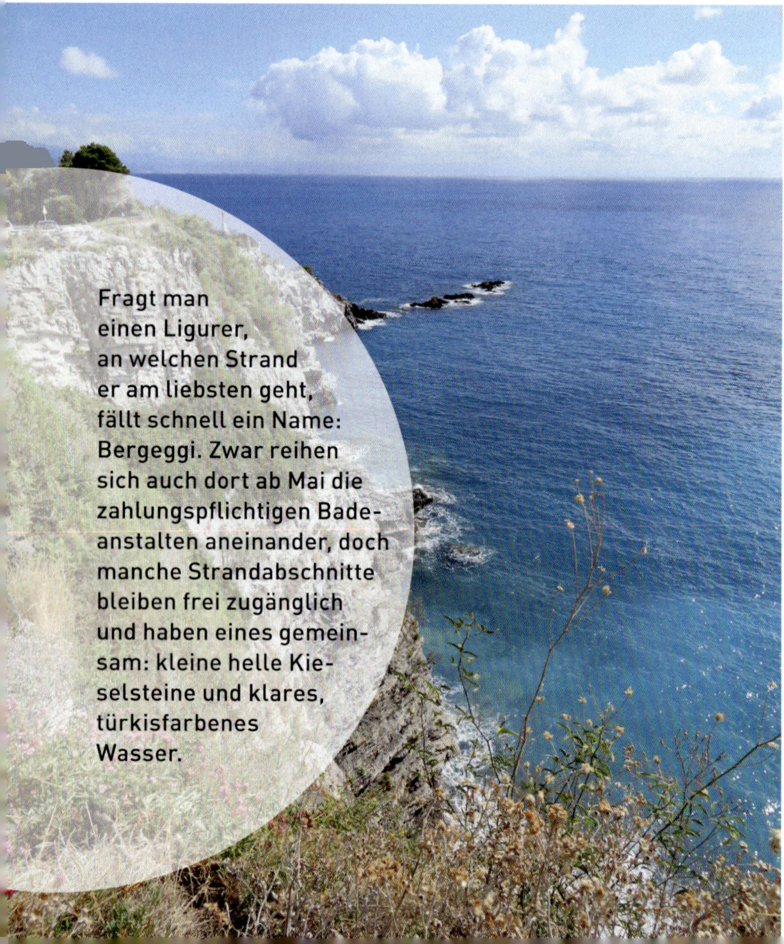

Fragt man einen Ligurer, an welchen Strand er am liebsten geht, fällt schnell ein Name: Bergeggi. Zwar reihen sich auch dort ab Mai die zahlungspflichtigen Badeanstalten aneinander, doch manche Strandabschnitte bleiben frei zugänglich und haben eines gemeinsam: kleine helle Kieselsteine und klares, türkisfarbenes Wasser.

Der lange Hauptstrand von Bergeggi

Die Küste des kleinen Ortes Bergeggi misst etwa zwei Kilometer, vom Hafen Vado Ligure bis kurz hinter dem Kap von Punta Predani, vor dem sich die winzige Isola di Bergeggi aus dem Meer erhebt. Der Strand ist, wie es sich für italienische Strände in der Regel gehört, in mehrere Abschnitte eingeteilt, die so vielversprechende Namen tragen wie Playa de Luna (Strand des Mondes), Lido delle Sirene (Strand der Meerjungfrauen) oder Spiaggia La Caletta di Bergeggi (Zapfen-Strand).

Der Playa de Luna gehört im Sommer einer besonders gediegenen Badeanstalt und wird überwiegend von Liegen und Sonnenschirmen bedeckt, was es gerade an Wochenenden erschwert, noch einen Platz zu finden. Warum der Ort ein Magnet für Sonnenanbeter ist, lässt sich leicht erahnen: Die Kieselsteinchen glänzen besonders golden in der Sonne, und das Meer legt die kräftigsten Blau- und Türkistöne an den Tag. Aber auch, wenn man seinen Strand-Spot an anderer Stelle mit einem Handtuch markiert hat, kann man am Playa de Luna unter anderem Kanus oder Schnorchelausrüstung ausleihen, um die Grotta Marina zu erkunden, die sehenswerteste Grotte der Gegend.

Der Strand Spiaggia La Caletta steht dem Playa de Luna in Sachen Blautönen und Transparenz des Wassers in nichts nach, während sich der Lido delle Sirene mit seinen dunkleren Steinchen tief unterhalb der Straße Aurelia in eine Bucht schmiegt. Wer mehr Privatsphäre und Abgeschiedenheit sucht, ist dort genau richtig, muss dafür aber auch ein wenig Sport treiben und eine lange, steile Treppe bis zum Strand hinabsteigen – und nach getankter Sonne in einem schweißtreibenden Unterfangen wieder hochkraxeln. Auch dort stehen in den Sommermonaten Liegen und Sonnenschirme für Besucher bereit.

Wer genug hat vom Getümmel an den Stränden und nicht zum ersten Mal ein Kanu leiht, paddelt bei ruhigem Wellengang problemlos zur Isola di Bergeggi, die zum regionalen Naturreservat Bergeggis gehört. Das kalkhaltige Gestein ist 53 Meter hoch und bietet rund herum die besten Möglichkeiten zum Schnorcheln oder Tauchen, denn das Wasser ist nahezu transparent und legt den Blick frei auf die reichhaltige Meeresflora und -fauna. In etwa 35 Meter Tiefe sammeln sich sogar Stalaktiten und Stalagmiten, während die Insel selbst von typisch mediterraner Vegetation überzogen ist und manch historischen oder archäologischen Schatz beherbergt. Auf seinem kleinen Gipfel beispielsweise finden sich noch Überreste militärischer und religiöser Einrichtungen aus verschiedenen Epochen. Man kann das Kanu oder Boot am winzigen Hafen auf der Nordseite vertäuen und zu einer Stippvisite der Insel aufbrechen.

Sollte jemand der Strand- und Meeresattraktionen in Bergeggi tatsächlich müde geworden sein, lohnt sich ein Besuch der kleinen Ortschaft mit ihrer Kirche San Martino Vescovo oder der Kapelle Santo Stefano, die sich in den Hügeln hinterm Dorf versteckt. Und für das beste Panoramabild haben die Einheimischen einen Geheimtipp parat: den Monte Sant' Elia, wo noch Reste der Festung erkennbar sind, die das Städtchen einst umgab, nämlich ein Turm, von dem aus sich herannahende Feinde schon von Weitem erspähen ließen.

Blick auf die Ortschaft

*I*nfo

Lage: ca. zehn Kilometer westlich von Savona

Anfahrt: Ab Savona oder Spotorno, die beide mit der Regionalbahn erreichbar sind, verkehrt in regelmäßigen Abständen Bus 40. Von Savona bis an die Strände Bergeggis braucht er etwa 20 Minuten. Bushaltestellen finden sich überall entlang der vielbefahrenen Via Aurelia hinter den Stränden.

Aktivitäten: Strand, Baden, Leihen eines Kanus oder Bootes, um die Isola di Bergeggi zu besuchen, Schnorcheln oder Tauchen rund um die Insel

- Kanu- oder Tretbootverleih: am Playa de Luna, manchmal gibt es aber auch andere Badeanstalten, die schiffbare Untersätze stundenweise vermieten, ebenso wie Schnorchelausrüstung

Hinweise: Wer Bergeggi Mitte Juni besucht, kann auf dem Hauptplatz des Dorfes die Sagra del Vino Nostralino erleben, wobei der beste Wein der Region prämiert wird, begleitet von Leckereien und Livemusik.
Im Juli steigt die Sagra dei Saraceni mit reichlich lokalen Spezialitäten, Spielen für Groß und Klein und abendlichen Veranstaltungen.

ÜBERNACHTEN IM KÜNSTLERATELIER MIT WEITBLICK

In den Hügeln oberhalb des Küstendorfes Noli verbirgt sich eine winzige Unterkunft, die in Ligurien ihresgleichen sucht. Das kleine Apartment mit Meeresblick und Terrasse eignet sich gerade mal für zwei Personen und ist ein Ort der Abgeschiedenheit und Ruhe. Mit einem antiken Haus samt Turm nebenan, wo im Sommer die Besitzerin wohnt.

Der Name „Tiny Home", winziges Zuhause, könnte das gemütliche Apartment in den Hügeln zwischen den Küstendörfern Noli und Spotorno nicht besser beschreiben. Zugegeben, wer mit dem Mietwagen von der Küste in die Hügel fährt und mit Schrecken feststellt, dass die Straße mit jeder Kurve enger wird, der wird seine Entscheidung, das „Tiny Home" gebucht zu haben, kurz bereuen. Auch mag dann, wenn die Straße plötzlich endet, ein Anruf bei Besitzerin Eliana Reggiori vonnöten sein, ob man sich nicht verfahren hat, doch danach ist Schluss mit Schwierigkeiten. Versprochen! Von dem Moment an, ab dem einen Eliana an der Straße empfängt, einen Parkplatz hervorzaubert und

Blick übers Meer von der kleinen Terrasse

die Koffer die kurze Treppe zum Paradies hinunterbefördert sind, möchte man nie wieder anderswo sein.

Das Paradies besteht in diesem Fall aus einem 14 Quadratmeter großen Zimmer mit Kochecke und Bad und einer liebevoll mit Tisch, Stühlen, Sofa und Laternen dekorierten Terrasse. Von dort reicht der Blick über den wild bewachsenen Hügel unterhalb des Grundstücks – und über das Meer, die Isola di Bergeggi und die gesamte Bucht bis nach Genua, dessen Lichter einem ab den Abendstunden aus weiter Ferne entgegenzwinkern. Es ist nichts zu hören außer dem eigenen, immer ruhiger gehenden Atem.

Kein Wunder, dass Elianas Vater Giovanni das heutige Gästeapartment als Atelier nutzte, um ungestört zu malen. Denn die Mittfünfzigerin und ihre Familie wohnten ab 1973 zumindest zeitweise gleich nebenan, in einem Haus von etwa 1200 – das bei der Begeisterung über das Panorama vom „Tiny Home" schnell übersehen ist. Nicht zu übersehen ist allerdings das Türmchen hinter dem Haus, ungefähr um 1000 errichtet. Der Künstler Giovanni Reggiori verliebte sich Anfang der 1970er-Jahre in das nahezu in Ruinen liegende Haus, kaufte es einer Edeldame aus Noli ab und baute sich 1974 das Atelier mit Glasfront und Meeresblick nebenan.

Das allmählich restaurierte Haus, wo Eliana und ihre Tochter Gaia heute den Sommer verbringen, wurde zum Treffpunkt für Künstler, später auch für Sportler, da sich Eliana zur Kanusport-Athletin und Trainerin mauserte. Man tauschte Gastfreundschaft gegen Hilfe, sei es beim Säubern des Geländes, bei Restaurierungsarbeiten oder beim Unkrautjäten. Erst nach Giovannis Tod gelang es Tochter Eliana, auch den Turm zu kaufen, und bis dato kommen jeden Sommer freiwillige Helfer aus aller Welt zu Eliana, um den Turm und das Gebäude zu renovieren und den großen Garten davor zu bepflanzen. Daher der offizielle Name der Unterkunft – „The Share", denn alles wird geteilt. So kann es auch vorkommen, dass Eliana zum Abendessen auf ihre Terrasse

Tiny Home mit Traumblick

einlädt oder morgens eine Schale Tomaten oder andere Erträge aus ihrem Garten auf dem Tisch stehen.

Und nicht nur Gastfreundschaft, sondern auch Nachhaltigkeit ist Eliana wichtig: „Unsere Philosophie lautet, alles so zu gestalten, wie es früher war, und dafür nur die drei Hauptelemente Stein, Eisen und Holz zu benutzen. Wir werfen nichts weg, auch wenn es kaputt ist, sondern nutzen es weiter auf kreative Weise." So findet man beispielsweise einen Tisch aus dem Gestell eines antiken Fensters, dessen Beine aus den Ästen eines abgestorbenen Aprikosenbaums bestehen. Jedes Detail des winziges Zuhauses, des Häuschens nebenan und des Turms hat seine Geschichte. Und der Gast unvergessliche Erinnerungen an laue Sommernächte auf der wohl schönsten winzigen Terrasse Liguriens.

Info

Lage: Regione Chiariventi 4, 17026 Noli, Tel. +39 3472663131; Kontakt und Buchung auch über WhatsApp möglich. Die Besitzerin, Eliana Reggiori, spricht fließend Englisch.

Anfahrt: Das Apartment ist mit öffentlichen Verkehrsmitteln nicht leicht zu erreichen. Man kann z. B. ab Genua mit der Reg ionalbahn bis Spotorno-Noli fahren (ca. 50 Minuten) und von dort ein Taxi nehmen (ca. drei Kilometer), da es keine Bushaltestelle in der Nähe der Straße gibt.

Hinweis: Ist man allerdings einmal vor Ort und hat das Gepäck abgeladen, kann man sich gut zu Fuß fortbewegen. U. a. führt ein schöner Pfad bis hinunter ins Zentrum des hübschen Küstendorfes Noli, Dauer nicht einmal 20 Minuten und leicht zu begehen. Ebenso schnell ist man zu Fuß in der Ortschaft Spotorno auf der anderen Seite des Hügels. Sämtliche Küstenorte sind ab dort über die Landstraße Via Aurelia verbunden, auf der regelmäßig Busse verkehren, z. B. fürs Strand-hopping oder um die Dörfer der Umgebung zu erkunden.

38 Varigotti

UND DONALD DUCK

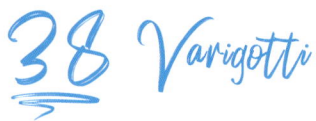

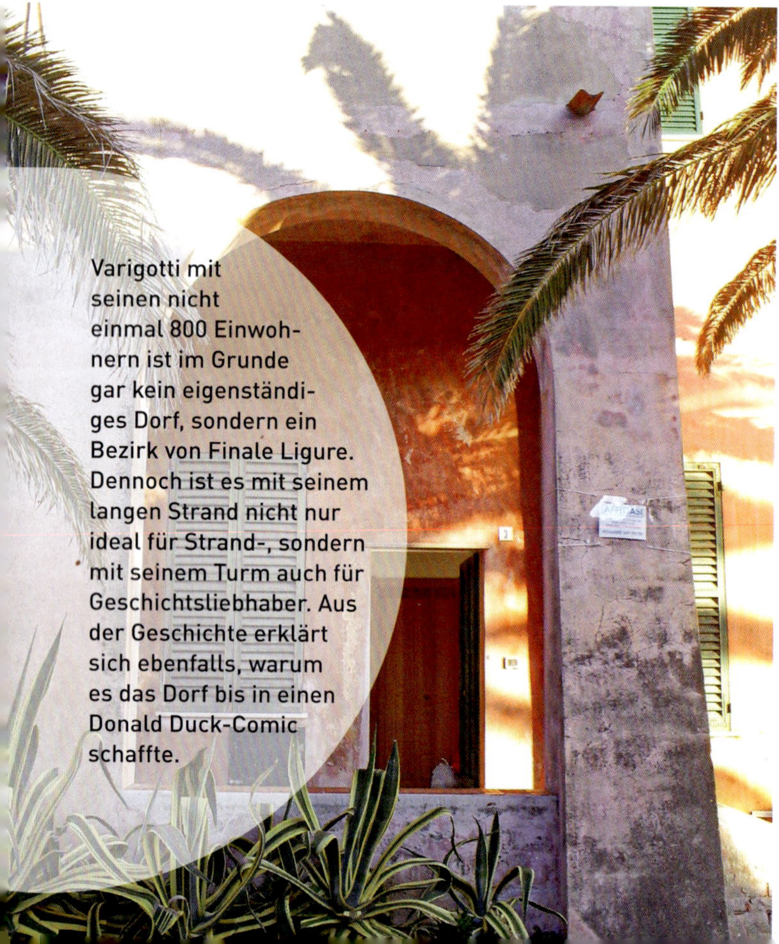

Varigotti mit seinen nicht einmal 800 Einwohnern ist im Grunde gar kein eigenständiges Dorf, sondern ein Bezirk von Finale Ligure. Dennoch ist es mit seinem langen Strand nicht nur ideal für Strand-, sondern mit seinem Turm auch für Geschichtsliebhaber. Aus der Geschichte erklärt sich ebenfalls, warum es das Dorf bis in einen Donald Duck-Comic schaffte.

Varigotti ist bis heute eng verbunden mit den Sarazenen, jenem nordarabischen Volksstamm, der von 700 n. Chr. an auch in Ligurien immer wieder einfiel. Liegt man vor der Kulisse pastellfarbener Häuschen am langen Strand, der den Namen Baia dei Saraceni, Bucht der Sarazenen, trägt, befindet man sich ungefähr dort, wo einst die berüchtigten Piraten von Bord ihrer Schiffe sprangen. Damals reihten sich dort noch nicht die Badeanstalten aneinander, sondern es gab einen kleinen Hafen, wo reger Schiffsverkehr herrschte. Hätte es die Sarazenen nicht gegeben, sähen viele Häuser Varigottis nicht aus wie eine wunderschöne italienisch-arabische Fusion – kantig mit flachem Dach, gelb oder rosa gestrichenen Fassaden und mit typisch italienischen grünen Fensterläden.

Wer keine Lust hat, für seinen Strandbesuch zu bezahlen, läuft von der Baia dei Saraceni nach Osten in Richtung Malpasso, wo sich einer der längsten freien Strände Liguriens in der Sonne rekelt. Dort drehte der italienische Regisseur Alberto Lattuada 1953 sogar eine herzergreifende Folge seines Films ‚La spiaggia' (Der Strand), und nicht nur das – die Weite des Strandes inspirierte später Werbeclips und Musikvideos, zum Beispiel für den Hit „Lady" von Sänger Neffa! Wenn die Haut von zu viel Sonne zu spannen beginnt, bieten die schattigen Gassen von Varigottis winzigem Zentrum Abhilfe. Dort setzen sich

Arabisch anmutende Architektur

die sarazenischen Häuser in den unterschiedlichsten Pastelltönen fort, und es entsteht schnell der Eindruck, man habe sich in ein marokkanisches Dorf verirrt.

Ein Spaziergang zu den Zeugen von Varigottis Geschichte führt unter anderem hoch auf die Punta Crena, eine Landspitze, auf der ein schon vom Strand gut sichtbarer Turm thront. Dieser ist der 1559, nach der letzten Invasion der Türken, erbaute Torre saracena. Der Turm bzw. das, was davon übriggeblieben ist, befindet sich in einem Naturareal, wo der Strandtrubel ganz weit weg scheint und sich sogar viele mediterrane Spezies angesiedelt haben. Was wenige wissen: Dieser Torre spielt eine große Rolle im italienischsprachigen Disney-Mondadori Comic „Paperino e la notte del Saraceno" (Donald und die Nacht des Sarazenen). Wirft man später im Buchladen einen Blick in den Comic, werden so manche Ecke Varigottis und dessen Turm auf den Bildern vertraut erscheinen.

Wer gerne wandert und einen weiteren Küstenwanderweg kennenlernen möchte, der mit vielen Fotostopps lockt, wandert auf der Malpasso genannten Strecke von Varigotti weiter bis Noli. Von nirgendwo anders bietet sich ein besserer Blick auf die Klippen dieses Küstenabschnitts

Blick übers Dorf

Möchte man stattdessen noch eine Weile in Varigotti verbleiben, ist die mittelalterliche Kirche San Lorenzo ein Stück weiter östlich und oberhalb von Punta Crena ein lohnenswertes Ziel. Wann genau sie entstand, ist offen, doch angeblich war sie die erste Pfarrkirche des Dorfes. Achtung: Auch im Dorfkern selbst steht eine Kirche namens San Lorenzo! Dieses im 14. Jahrhundert erbaute Gotteshaus genießt zwar keine Traumlage mit Weitblick, überrascht aber mit

Altstadt

einer architektonischen Mischung aus einer barocken Form und einem Glockenturm im spätgotischen Stil.

Info

Lage: knapp 18 Kilometer westlich von Savona

Anfahrt: Mit der Bahn z. B. ab Genua bis Finale Ligure (mit dem InterCity ca. 45 Minuten). Von dort fährt Bus 40 in regelmäßigen Abständen nach Varigotti, Dauer gut zehn Minuten.

Aktivitäten: Dorfbesuch, Besichtigung der Kirche San Lorenzo im Zentrum, Strandtag, Bademöglichkeiten, Spaziergang zur Punta Crena mit Besuch der Turmruine, Spaziergang zur höhergelegenen, mittelalterlichen Kirche San Lorenzo oberhalb der Ortschaft, Wanderung auf dem Malpasso-Pfad bis nach Noli

- Torre Saracena: *turismo.comunefinaleligure.it/it/castello/torre-saracena-ruderi-castello*

39 Finalborgo

EIN STÜCK MITTELALTER HINTER DEM MEER

Nicht mehr als zwei Kilometer landeinwärts von Finale Ligure schmiegt sich Finalborgo dort, wo die Flüsse Pora und Aquila zusammenlaufen, ins hügelige Hinterland der Riviera mit den Colle del Becchignolo im Rücken. Die ersten Bewohner Finalborgos wählten diese Lage nach gutem Überlegen, denn so hatten sie immer dann, wenn die Sarazenen am Strand landeten, genug Zeit, sich in die Berge zu retten.

Einst eine von einer dicken Mauer gesicherte Stadt, ist Finalborgo heute der im Hinterland gut behütete, mittelalterlichste Stadtteil des modernen Küstenortes Finale Ligure. Auch wenn die Zeit dort nicht stillsteht, verbirgt sich in den gemütlichen Gassen genug Geschichtliches, um einen Hauch Mittelalterromantik zu erwecken.

Dass dieser oft als „Dorf" bezeichnete Stadtteil Finale Ligures heute ebenfalls zu den schönsten Dörfern Italiens zählt, versteht sich von selbst – immerhin ist die Struktur aus dem 15. Jahrhundert größtenteils erhalten, darunter die imposante Stadt- bzw. Ringmauer von 1452. Unterbrochen wird sie nur von halbrunden Türmen und von vier Toren, die Zutritt gewähren zum schmucken Altstadtkern. Das schönste Tor ist die Porta Reale, die während der spanischen Vorherrschaft erbaut wurde und neben dem Wappen der Savoyen auch ein Schutzheiligen-Relief zur Schau stellt.

Ebenso wie die Mauer und die Stadttore zieht Forte San Giovanni schnell die Aufmerksamkeit auf sich, denn die Festung aus dem 17. Jahrhundert trotzte Angreifern der Stadt auf einem felsigen Hügel oberhalb Finalborgos. Das Kastell ist zu besichtigen und beheimatet ein Museum zur Geschichte von Festung und Ort.

Jenseits der Stadtmauer und Festung verschluckt auch Finalborgo jeden Besucher gern in seinem für ligurische Dörfer so typischen Gassenlabyrinth. Auf die malerischsten Plätze und Renaissance-Paläste wie den

Typische Dorf-Hausfassade

Bunte Altstadthäuser

Palazzo Ricci, Palazzo Brunenghi oder den Palazzo Cavasole stößt früher oder später jeder, der sich einfach treiben lässt. Diese pompösen Paläste verdankt das Dorf den Marchese Del Caretto, die ihren Herrschersitz ab dem 12. Jahrhundert nach Finalborgo verlegten und bis zum Ende des 18. Jahrhunderts an der Macht blieben. Selbst das Rathaus des Dorfes gilt als eines der schönsten Beispiele für die frühe Renaissance-Architektur in Ligurien.

Blick auf die Festung

Auch an Kirchen und Klöstern geizt der Ort nicht. Besonders hübsch anzusehen: die Basilika San Biagio, die in ihrer heutigen Form seit dem 17. Jahrhundert steht und mit einem außerge-wöhnlichen Glockenturm aufwartet – der ist nämlich achteckig mit Lanzetten-Fenster. Wer genug besichtigt und gestaunt hat, dem steht nur noch eine Wahl bevor – in welche der unzähligen Bars oder in welches Café bzw. Restaurant er für einen Snack, Aperitif oder eine Mahlzeit einkehren möchte. Dort heißt es dann, dem bunten Treiben von Touristen und Einheimischen zuzusehen in diesem Dorf, das auf viele wie ein Best-of aller ligurischen Dörfer wirkt.

Chiesa di San Biagio

Info

Lage: knapp 26 Kilometer westlich von Savona und zwei Kilometer landeinwärts von Finale Ligure

Anfahrt: Mit der Bahn z. B. ab Genua bis Finale Ligure (mit dem InterCity ca. 45 Minuten). Von dort kann man die knapp zwei Kilometer bis Finalborgo entweder zu Fuß laufen oder mit Bus 31 fahren (ca. sieben Minuten)

Aktivitäten: Spaziergang an der Stadtmauer entlang, zu den vier Toren und durch das Gassenlabyrinth, Besuch der Palazzi aus der Renaissancezeit, Besichtigung der Festung San Giovanni, Entspannen in einer Bar oder einem Café, Schlemmen in einem der vielen Restaurants chaft, Wanderung auf dem Malpasso-Pfad bis nach Noli

- Forte San Giovanni: Strada Beretta, Tel. +39 3381276580, *musei.liguria.beniculturali.it/musei?mid=190&nome=forte-san-giovanni*

40 Borgio Verezzi

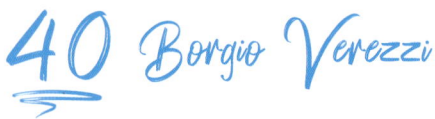

DORF DER WEINBERGSCHNECKEN

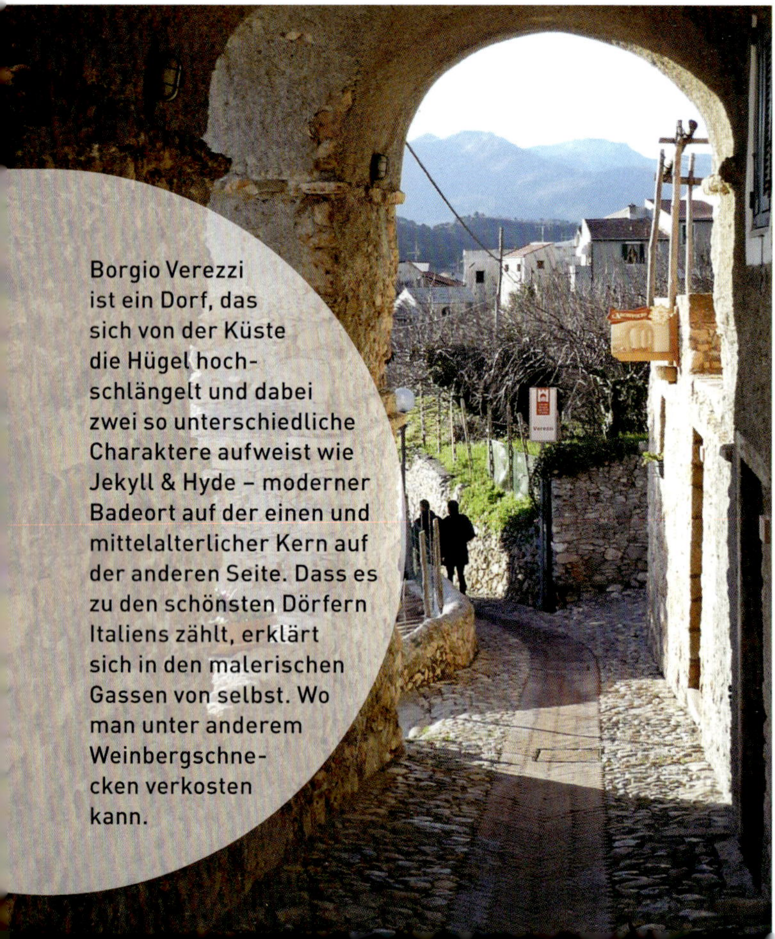

Borgio Verezzi ist ein Dorf, das sich von der Küste die Hügel hochschlängelt und dabei zwei so unterschiedliche Charaktere aufweist wie Jekyll & Hyde – moderner Badeort auf der einen und mittelalterlicher Kern auf der anderen Seite. Dass es zu den schönsten Dörfern Italiens zählt, erklärt sich in den malerischen Gassen von selbst. Wo man unter anderem Weinbergschnecken verkosten kann.

Gut drei Kilometer hinter dem Städtchen Finale Ligure stößt man an der Küste auf Borgio Verezzi. Warum es seit 2008 zu den schönsten Dörfern Italiens zählt, erschließt sich nicht auf den ersten Blick, wohl aber, wenn man den Pflasterweg zum höhergelegenen, historischen Teil der Gemeinde erklimmt. Im Gegensatz zu den meisten anderen ligurischen Dörfern wirkt die Architektur nicht immer typisch italienisch, sondern mutet auch mal arabisch an – was den Sarazenen zu verdanken ist, die es sich früher auch im heutigen Borgio Verezzi gerne gemütlich machten.

Altstadtgassen

Echt ligurisch sind dagegen die Saumpfade, im lokalen Dialekt „crêuze" genannt. Die hohen Absätze manch schicker ligurischer Dame, die beim abendlichen Aperitif „bella figura" machen möchte, kann beim Dorfspaziergang schon mal im Kopfsteinpflaster der Gassen steckenbleiben, doch auch bei bequemem Schuhwerk ist man ständig in Gefahr zu stolpern: Die Kombination von engen Gassen, Toren, Waschhäusern und Weitblicken, die sich immer wieder zwischen alten Mauern eröffnen, beansprucht zu viel Aufmerksamkeit, als dass man auch noch auf die unebenen Wege und Stufen achten könnte. Von einem ganz besonderen Blickfang in Form von sogenannten „edicole votive" ganz zu schweigen. Dabei handelt es sich um eine Art Schreine für die Madonna, einen Heiligen oder Märtyrer, die manche Mauer oder Hausfassade zieren. Diese häufig aufwendig verzierten oder blumengeschmückten Schreine finden sich nicht nur in Borgio Verezzi, sondern verteilen sich über viele Dörfer in ländlichen Regionen und stellen die freie religiöse Kunst der Einwohner zur Schau. In Borgio Verezzi genießt die Madonna oder der Heilige oft eine

Panoramasicht über Terrassenfelder, wo Gemüse und Orangenbäume gedeihen.

Entspanntes Dorfleben

Auf den niedrigen Mauern des Dorfes versammeln sich hingegen gern die älteren Herren der Gemeinde, die auf ihre Stöcke gelehnt den letzten Dorfklatsch austauschen oder aber die Landespolitik kommentieren. Im Gegensatz zu den Touristen interessieren sie sich weniger für die kalkhaltigen, mehrere Kilometer langen Valdemino-Grotten, die typisch für die Region sind und im Grunde Regenwasser zu verdanken sind, das im Steinboden versank und zur Erosion der tieferen Felsschichten führte. Besonders an den Grotten Borgio Verezzis ist, dass sie wirken wie von einem farbliebenden Künstler bemalt und mit den schönsten Weiß-, Gelb- und Rottönen aufwarten. Deshalb gelten sie mittlerweile als die farbigsten Grotten Italiens.

Valdemino Grotten

Ziel der stöckelbeschuhten Damen und ihrer Begleiter sind eher die Bars oder Restaurants mit Weitblick über das Meer, wo beim Anblick der untergehenden Sonne schnell jede Blase am Zeh vergessen ist. Wer es den Einheimischen gleichtun und während des Dorfbesuchs auch ein lokales Gericht verkosten möchte, kommt nicht um „lumache alla verezzina" herum, Weinbergschnecken nach Verezzi-Art. Der Weinbergschnecke zu Ehren steigt im Dorf sogar jedes Jahr am 13. und 14. August ein Fest – wobei Tausende von Schnecken auf den Tellern der Ligurer und Besucher von auswärts landen, die für das seltene Festessen nach Borgio Verezzi reisen. Wen Schnecken weniger verlocken, der findet aber auch eine andere, weniger schleimige Dorfspezialität: In und um Borgio Verezzi werden neben extra reinem Olivenöl auch Weine wie der Lumassina, Nostralino Veretium und teils sogar Barbarossa produziert.

Aperitif mit Meerblick

Info

Lage: Borgio Verezzi befindet sich knapp vier Kilometer von dem Küstenort Finale Ligure entfernt.

Anfahrt: Borgio Verezzi verfügt über einen kleinen Bahnhof, der regelmäßig von Regionalbahnen ab Genua (ca. eine Stunde, 15 Minuten, teils mit einmal Umsteigen) oder aber Ventimiglia angefahren wird. Der Bahnhof befindet sich in Küstennähe, von dort sind es gut 700 Meter bis in die Altstadt und zur Grotte.

Aktivitäten: Dorfbesuch, Verkosten der Spezialität „lumache alla verezzina", Shoppen von extra reinem Olivenöl oder regionalem Wein, Besuch der Valdemino Grotten

- Grotte di Borgio Verezzi (Valdemino Grotten): Via Battorezza 5, 17022 Borgio, Tel. +39 019610150, *grottediborgio.it*

41 Die Grotten von Toirano

Ein wenig klingt es, als hätte man in Küche oder Bad verges-sen, den Wasserhahn richtig abzustellen, nur, dass das Echo unvergleichlich lauter ist: Tropfen für Tropfen löst sich von den feuchten Decken und prallt an den kreativsten Felsformationen in Weiß, Beige, Rosa oder leicht Violett ab, wie sie sich nur die Natur ausdenken kann. Tropfen für Tropfen haben sich so über Millionen von Jahren unter anderem Stalak-titen und Stalagmiten gebildet, die nirgends sonst zu solcher Pracht auflaufen wie in der berühmten Grotta della Bàsura, der Hexenhöhle, die erst 1953 zur Besich-tigung geöffnet wurde. Gerade die Antro di Cibele, eine Kammer mit harmonisch runden Formationen, zieht Besucher in ihren Bann, doch das ist nicht alles, was die Höhle zu bieten hat: Da wären noch etwa 12.000 Jahre alte Hand- und Fußabdrücke, aber auch Spuren von Ellenbogen und Knien in den Gängen, angeblich von Homo Sapiens, die die Grotte damals auf allen Vieren erkunde-ten – ob, um sie als Schutz oder als Ritualstätte zu nutzen, ist weiterhin unbekannt. Doch nicht nur Menschen zog die Höhle an, sondern auch Tiere wie Bären, wie ein wahrer „Bärenfriedhof" bestätigte, wo sich an die 25.000 Jahre alte Knochen von bis zu 3,5 Meter großen Bären fan-

Die „Grotte di Toirano" umfassen ein Höhlen-system und sind mit ihren Stalaktiten und Stalagmiten ein heute teils begehbares Naturwunder. Dabei geht es auf die Spu-rensuche von Menschen und Tieren, die dort vor 14.000 Jahren und mehr gelebt haben mögen.

den. Die Riesen mit bis zu elf Zentimeter langen Zähnen überwinterten dort allem Anschein nach und manch einer schlief dabei friedlich ein.

Von der Grotta della Bàsura führt ein etwa 120 Meter langer Tunnel in die nächste Höhle, die Grotta di Santa Lucia Inferiore. Dort

Stalaktiten und Stalagmiten, soweit das Auge reicht

gibt es zwar keine Tierknochen oder Menschenspuren zu bestaunen, dafür aber Blumenbilder aus Aragonit, die die Wände wie eine wertvolle Tapete zieren. Dazu kommen weitere imposante Stalaktiten, darunter die „Königin von Toirano", eine acht Meter hohe Formation in der Pantheon-Kammer. Dieser Höhle schließt sich die ca. 240 Meter lange Grotta di Santa Lucia Superiore an – zugänglich über eine in den Felsen geschlagene Kapelle, die im 15. Jahrhundert als Wallfahrtsort diente. Dieser Kapelle bzw. der Heiligen Lucia verdankt die Höhle ihren Namen, und wer zur Zeit des Höhlenbesuchs an einer Augenkrankheit leidet, hat Glück: Eine Quelle bei der Kapelle soll sich auf diese Art Krankheiten nämlich heilend auswirken, also unbedingt mal davon kosten!

Spannende Höhlen-Bewohner

Eine von unzähligen Tropfsteinformationen

Die Höhlen sind nicht individuell, sondern nur im Rahmen einer Führung zu besichtigen. Was allerdings kein Problem ist, denn während der 70-minütigen Runde bekommt man so viele Informationen und Einblicke, dass die Zeit so schnell im Nirgendwo verschwindet wie eine Focaccia al formaggio im Magen. Eine weitere Höhle, die Grotta del Colombo, ist Besuchern leider nicht zugänglich, nur Wissenschaftlern – denn sie verbirgt bis zu 300.000 Jahre alte Knochen, die von unseren Vorfahren, den sogenannten Homo Heidelbergensis, abstammen sollen! Noch mehr erfährt man im Museo Etnografico della Val Varatella im Dorf Toirano, wo sich unter anderem Funde aus den Höhlen sammeln.

Lage: Toirano liegt etwa 36 Kilometer westlich von Savona ein Stück landeinwärts; Piazzale Dario, Via P. G. Maineri, Toirano, Tel. +39 018298062

Anreise: Die Grotten mit öffentlichen Verkehrsmitteln zu erreichen, ist schwierig. Man kann die Bahn bis Loano oder Borghetto S. Spirito nehmen, von dort verkehrt in sehr unregelmäßigen Abständen ein Bus. Allerdings muss man viel Wartezeit in Kauf nehmen oder sich vom Bahnhof ein Taxi gönnen (funf bis sieben Kilometer) – am besten direkt eine Uhrzeit ausmachen, um wieder abgeholt zu werden! Wer über einen Mietwagen verfügt, sollte mit diesem anreisen.

Führungen: alle 30 Minuten, Dauer 70 Minuten

Aktivitäten:
- Museo Etnografico: Eintritt im Ticket für die Grotten inbegriffen; Via G. Polla 12, 17055 Toirano, Tel. +39 0182989968

Website: *oiranogrotte.it/cgrtdtrn/hh/index.php*

Hinweis: In den Grotten ist es mit 16 Grad recht kühl, man sollte also ganzjährig eine Jacke mitnehmen.

42 Alassio

LIEBE UND SÜSSE KÜSSE

Es ist nicht allein die Tourismusbehörde Alassios, die vor allem Pärchen mit dem Titel „Città degli Innamorati", Stadt der Verliebten, in den Küstenort locken möchte. Der Grund für diese Bezeichnung geht angeblich weit zurück, bis in die Zeit von Otto dem Großen und dessen hübscher Tochter, der Prinzessin Adalesia. Glaubt man den Legenden, so wählte die Schöne einen Geliebten, der Papa Otto ganz und gar nicht zusagte und floh mit diesem – den sie später heimlich ehelichte – in das Dorf Vegliasco in den Hügeln über Alassio. Noch heute thront dort der zu besichtigende „Turm der Liebenden", wo sich die beiden Turteltauben eingenistet haben sollen, mit romantischem Weitblick über die Küste. Bei genauem Hinschauen ist in dem Gemäuer sogar ein reichlich verwittertes Abbild von Adalesia auszumachen. Sehr viel deutlicher lässt sich die Prinzessin allerdings im Stadtwappen von Alassio erkennen, welches sie auf dem Turm von Vegliasco zeigt.

Sie nennt sich „die Stadt der Liebenden" – die kleine Ortschaft Alassio am Meer, die nicht nur mit einem drei Kilometer langen Sandstrand aufwartet, sondern von den Ligurern auch mit Hemingway und schokoladigen Küssen assoziiert wird.

Noch romantischer wird es am bekannten Muretto di Alassio in der Via Dante, einem Mäuerchen, das die Skulpturen von zwei Liebenden zieren. Doch das ist nicht das einzig Besondere dieser kleinen Mauer:

Sie ist dekoriert mit an die tausend bunten Keramikfliesen, auf denen sich die Autogramme berühmter Menschen befinden – die erste Fliese stammte 1951 von Ernest Hemingway! Seit den 1950er-Jahren spendeten dann weitere Größen aus den Bereichen Film und Theater, aber auch Musik, Sport und Kunst, ihre Autogramm-Fliesen. Gerade am Valentinstag lockt das

Muretto di Alassio

Mäuerchen viele Verliebte an, denn dort befindet sich ein Briefkasten für Liebesbriefe. Und wer im August nach Alassio kommt und eine Menge hübscher Mädels im Bikini auf dem Muretto sitzen sieht, braucht sich nicht zu wundern – dann ist er beim Schönheitswettbewerb zur „Miss Muretto" gelandet.

Nun stellt sich die Frage, ob es auch Prinzessin Adalesia oder der generellen Verbindung von Alassio und der Liebe zu verdanken ist, dass ausgerechnet dort die extrem leckeren „Baci di Alassio" gebacken werden – die Küsse von Alassio, bestehend aus zwei nach oben spitz zulaufenden Kekshälften, die einen cremigen Schokoladenkern umschließen. Die Antwort lautet: nein. Fakt ist, dass Touristen den beliebten Badeort – mit immerhin gut drei Kilometern natürlichem Sandstrand, was für Ligurien echt lang ist – schon Ende des 19. Jahrhunderts für sich entdeckten. Genauer gesagt waren es wohlhabende Briten, die sich dort damals in der Sonne rekelten, und die brauchten eine gute Tasse Tee um 17 Uhr. Auf die Idee, dass ihnen dazu ein leckerer Schokokuss gut schmecken könnte, kam der damalige Konditorei-Besitzer Pasquale Balzola. Und so servierte er den Briten 1919 erstmals eine Vorversion der heutigen Baci di Alassio.

Strandpromenade

An der Stelle der damaligen Konditorei mit Café befindet sich noch heute die Pasticceria Balzola, die mittlerweile zu den wahrhaft historischen Orten Italiens zählt und noch immer in Familienbesitz ist – aktuell in der Hand von Pasquale Balzolas Urenkel Carlomaria und dessen Schwester. Bereits die hell erleuchteten Schaufenster des Konditorei-Cafés an der zentralen Piazza Matteotti sind ein echter Hingucker und machen Lust auf Schokoladen-Küsse und andere Süßspeisen. Spätestens beim Betreten des Cafés und dem Duft nach geschmolzener Schokolade sind dann alle guten Vorsätze zu weniger Süßspeisenverzehr dahin.

Alassios Strand

Mit ein wenig Fantasie kann man sich die beiden Kekshälften der „Baci" als Lippen vorstellen, die das schokoladige Innere umhüllen. Da ein Bacio nur schlappe 210 Kalorien zählt, kauft man am besten eine ganze Box davon – natürlich für die Wochen nach dem Urlaub, damit die Erinnerungen daheim länger frisch bleiben – die eine besondere Aufschrift ziert: „...i suoi dolci sono i dolci della galanteria": „Ihre Süßspeisen sind die Süßspeisen der Galanterie". Diese Aussage entstammt laut Carlomaria Balzola dem in Italien berühmten Dichter Gabriele D'Annunzio, der Alassio oft besuchte, aber angeblich selten Geld hatte. Deswegen soll er Kunstwerke gegen Essbares getauscht haben und jenen heute berühmten Satz zu Pasquale Balzola gesagt haben. Und so haben auch Nicht-Verliebte die Gewissheit, Alassio zumindest mit reichlich Liebe im Magen wieder zu verlassen.

Info

Lage: an der Küste, knapp 100 Kilometer westlich von Genua; Pasticceria Balzola: Piazza G. Matteotti 26, 17021 Alassio, Tel. +39 0182470362,

Anreise: Ab Genua Piazza Principe mit der Regionalbahn, Dauer ca. 1,5 Stunden

Aktivitäten: Strandbesuch, Baden, Besuch des „Muretto di Alassio", Baci-Schlemmen, Besichtigung von Vegliasco mit seinem Liebesturm (Mietwagen empfohlen!)

Website: *balzola1902.com*

Hinweis: Für Amateur-Bäcker, die sich am Bacio di Alassio probieren möchten (Quelle: ricetta.it): Um etwa 15 Baci di Alassio zu backen, braucht man für die Kekse 500 g geschälte Haselnüsse, 250 g Zucker, 40 g Kakao, drei Eiweiß, eine Prise Salz, 30 g Honig. Und für die Füllung 100 g frische Sahne, 150 g dunkle Schokolade

Keksteig: Haselnüsse auf dem Backblech ca. fünf Minuten bei 180 Grad rösten und abkühlen lassen, dann im Mixer mit dem Kakao und Zucker feinmahlen. Eiweiß mit der Prise Salz aufschlagen und zu dem Pulver aus Haselnüssen, Kakao und Zucker geben. Alles mixen und Honig dazugeben, bis eine relativ feste Creme entsteht. Diese in einen Spritzbeutel mit geriffelter Düse füllen und die entstehenden Häufchen auf ein Blech mit Backpapier geben (ca. 30 Stück für 15 Baci). 12 Minuten bei 200 Grad backen.

Herz der Baci: Sahne bis kurz vor dem Sieden erhitzen und in eine Schüssel mit der dunklen Schokolade geben. Ca. zehn Minuten warten, bis die Schokolade schmilzt, dann beides mit elektrischem Schaumschläger aufschlagen. Ein wenig der Creme mit dem Spritzbeutel auf die flachste Seite der gebackenen Kekse streichen und den zweiten Keksteil daraufkleben. Alles im Kühlschrank abkühlen lassen. Buon appetito!

Ponente

Von Imperia zur französischen Grenze

In Bussana Vecchia

Ponente

Von Imperia zur französischen Grenze

43 Bussana Vecchia

VOM GEISTER- ZUM KÜNSTLERDORF

Folgt man ab dem modernen Küstenort Bussana Nuova den Schildern in Richtung Bussana Vecchia, werden die steilen Kurven bald so eng, dass bei Gegenverkehr viel Manövriergeschick gefragt ist. Etwa einen Kilometer, bevor der Navi das erreichte Ziel verkündet, ist plötzlich Schluss und Zwangsparken zwischen einer hohen Mauer und einem Abgrund angesagt. Aus den Hügeln staksen die bunten Häuschen von Bussana Vecchia und dessen Kirchturm, der bei dem Erdbeben 1887, das einen Großteil des Dorfes zerstörte, sein Schiff verlor. Für die damaligen Dörfler wurde das heutige Bussana Nuova an der Küste aus dem Boden gestampft, das ursprüngliche Dorf nie wieder aufgebaut. Bis in die 60er-Jahre!

1887 wurde das Dorf Bussana von einem Erdbeben zerstört, in den 1960er-Jahren aber von Hippies und Künstlern wiederentdeckt. Sie verwandelten die Ruinen in provisorische, dann ständige Wohnsitze, füllten die leeren Gassen mit Leben und schufen eine neue Touristenattraktion. Doch die Politik möchte dem Kreativ-Dorf in den Ponente-Hügeln ein Ende setzen.

Da stolperten nämlich der italienische Künstler Clizia und der sizilianische Dichter Giovanni Giuffrè über das Ruinendorf und entschieden, es wieder bewohnbar und ein Künstlerdorf daraus zu machen. Auf Clizias Anfrage soll die Kommune San Remo die Erlaubnis dazu erteilt haben, solange man keine offizielle Unterstützung erbitte. Weitere Künstler stießen dazu, als erster Deutscher Hartmut Sommer und seine mittlerweile verstorbene Frau: „Wir waren 1966 unterwegs, wollten eigentlich nach Tunesien, aber irgendwie sind wir in Bussana Vecchia hängengeblieben." Man habe sich einfach ein Haus ausgesucht und den Besitz durch Einbau von Fenstern und Türen markiert. Noch heute klebt an einer Haustür

Der Kirchturm von Bussana Vecchia überlebte das Erdbeben

ein unscheinbares Schild „Casa Sommer", wo die Söhne des heute 79-Jährigen ihre Familienurlaube verbringen.

„Die Idee eines Ortes, der dem Handwerk, der Malerei, Musik und Dichtung gewidmet war, war wunderschön", schwärmt Jana Weiser, eine der ersten Siedlerinnen. Selbst gemalte Bilder bekommt man unter anderem in dem Studio Artitude bei Künstler und Musiker Silvano Manco oder bei der Französin Marie-Eve Merilou, die in ihren 20ern der Liebe wegen nach Bussana Vecchia kam. Sie wohnt in einem mehrstöckigen Gebäude mit Weitblick unweit der Kirche, wo eine steile Treppe ins Schlaf- und teils auch Arbeitszimmer führt. Für sie ist das Dorf eine wahrgewordene Utopie, jedoch wie ein

Marie-Eve Merilou

Eisberg, von dem Außenseiter nur die Spitze sehen: „Es gibt hier viele soziale Schichten, und selbst Menschen mit Drogen- oder Alkoholproblemen können sich integrieren und bekommen noch eine Chance." Ein Mikrokosmos, wo es etwas von allem gibt.

Den Künstlern lag beim anfänglichen Wiederaufbau offensichtlich viel daran, die mittelalterliche Architektur zu erhalten: Die oft von Efeu und anderem Grün bewachsenen Steinhäuser sind teils liebevoll restauriert, einige davon beherbergen Läden oder Ateliers, die Bilder, Schmuck oder Kleidung verkaufen. Während die Touristen durch Bussana Vecchia stromern, dösen Katzen auf Korbstühlen, aus den Galerien strömt Farbgeruch und aus manch offener Tür Musik, unter anderem aus der Open Art Gallery. Dort werkeln Musiker an einem neuen Lied, und ein

Silvano Manco

Zelt auf der Dachterrasse verrät, dass dort jemand wohnt. Die Hippie-Zeit lebt auch im Café am Eingang weiter, der Osteria degli Artisti, wo sich Dörfler und Besucher ganztägig zu Snacks, Kaffee und Kuchen treffen.

Aber die Idylle trügt: Wurde Bussana Vecchia 1887 durch ein Erdbeben zerstört, droht der Künstlergemeinde nun ein menschengemachtes Aus: Schon in den 1980er-Jahren sollen Künstler von der zuständigen Kommune in San Remo zu Nachzahlungen oder zum Räumen des Dorfes aufgefordert worden sein, dann wieder bemängelte die Politik die bautechnische Sicherheit. Im Verlauf der Buchrecherche flammten die Streitigkeiten wieder auf, einige Künstler sollten schon 2021 ihre eigenhändig restaurierten Häuser verlassen. Die Einwohner gehen mit Sammelklagen dagegen an, und gerade die jüngeren Generationen kämpfen für das Erbe von Eltern oder Großeltern. Leonard Sommer, Hartmut Sommers ältester Sohn, drehte sogar den Film „Bussana Resilient", um Aufmerksamkeit für die Zwickmühle zu gewinnen, in der Bussana Vecchia steckt. Ob dies ausreicht, damit der

Mikrokosmos den Bewohnern und Ligurien-Besuchern auch in Zukunft erhalten bleibt? Noch gibt es keine Antwort darauf.

Info

Lage: in den Hügeln oberhalb des Küstenortes Bussana und ca. neun Kilometer von San Remo entfernt

Anreise: Leider gibt es keine öffentlichen Verkehrsmittel, die Bussana Vecchia anfahren. Von San Remo, das über einen Bahnhof verfügt (regelmäßige Bahnverbindung beispielsweise ab Genua), fährt Bus 13 bis in den modernen Küstenort Bussana, von dort könnte man sich die knapp drei Kilometer nach Bussana Vecchia mit einem Taxi bringen lassen. Der Fußweg beträgt etwa zwei Kilometer, allerdings geht es relativ steil bergauf. Am flexibelsten ist man hier mit einem Mietwagen.

Aktivitäten:

- Bussana Vecchia eignet sich wunderbar für einen Dorfbummel mit Stopps in den verschiedenen Galerien und Läden und einen Plausch mit den freundlichen Bewohnern. Viele der Künstler bestreiten durch den Verkauf ihrer selbst gemachten Artikel ihren Lebensunterhalt und sind daher auf Besucher angewiesen, doch im Allgemeinen wird man nicht zum Kauf gedrängt und das Ambiente ist äußerst entspannt.
- Mittags oder nachmittags kann man einen Snack oder Kaffee in der schönen Osteria degli Artisti direkt am Dorfeingang einnehmen.
- Hat man einen Parkplatz ganz hinten an der Mauer gefunden und muss einige Hundert Meter mehr bis zum Dorf laufen, sollte man sich trotzdem nicht ärgern: Bereits entlang der Mauer finden sich erste kreative Kunstwerke, darunter in den Stein eingearbeitete Skulpturen und ausgehängte Gemälde.

Website zum Film: *filmfreeway.com/BussanaResilientArtInRuins160*

44 Triora

DAS HEXENDORF

Es sind gefühlt endlos viele Serpentinen, die sich von Arma di Taggia an der Küste hochwinden bis nach Triora, fraglos nicht nur eines der pittoreskten, sondern auch der spannendsten ligurischen Dörfer. Kurz vor Ankunft im Dorf eröffnet sich der Blick über bewaldete Hügel und das Argentina-Tal, wo kleine Häuser mit roten Ziegeldächern wie Farbklecks in einem Meer aus Grün wirken. Im Hintergrund erheben sich die Gipfel der maritimen Alpen. Triora selbst zieht jeden Besucher vom ersten Moment an mit seiner typischen Dorfwelt in seinen Bann, mit einem Gassenlabyrinth voller von Steinbögen überspannter Wege und dem Duft nach weithin beliebtem Triora-Brot. Und wer sich noch an „Ardesia" erinnert, den typisch ligurischen Schiefer, der wird diesen an zahlreichen Portalen wiedererkennen, zum Beispiel in der Via Giauni, entlang der hohen Mauer der Stiftskirche. Die ziert unter anderem eine Stein-Büste eines Paters namens Ricca.

Tief im Hinterland der Provinz Imperia verbirgt sich ein malerisches Dorf, wo es nach Meinung vieler noch immer spukt. Hexenfiguren oder -abbilder zieren manche der Gassen, doch es handelt sich nicht nur um einen Marketinggag – im 16. Jahrhundert war Triora Ausgangspunkt eines schrecklichen Kapitels von Inquisition in Ligurien.

Hat man sich vorab nicht in Trioras Geschichte eingelesen, mag man sich zunächst über die vielen Hexenfiguren in Souve-

Erinnerung an die Zeit der Hexenjagd

nirläden oder auf manchem Fenstersims wundern. Oder über mit bunten Hexen- und Teufelsmotiven ausgestaltete Mauern, vor allem entlang des Pfads zum sogenannten „Luogo delle streghe, Cabotina", dem „Hexenort Cabotina". Dieser ist ein Muss für Liebhaber von Schauergeschichten, insbesondere in den Abendstunden eines kühlen Herbsttages, wenn es langsam düster und nebelig wird. Schon der Weg verspricht Abenteuer: Die Steingasse endet abrupt an einer steilen Böschung, wo es hinabgeht zu den Ruinen mehrerer Häuser. Dort sollen im 16. Jahrhundert die berüchtigten Hexen gewohnt haben, im lokalen Dialekt „Bàgiue"! Für die Urlauber posiert heute hinter einem Gitter inmitten der Ruinen eine hübsche, lebensgroße Frauenpuppe mit langem schwarzem Gewand, feuerroten langen Haaren und einem Besen in der Hand. Wenige Hundert Meter dahinter verkaufen Handwerkerinnen im Sommer Selbstgetöpfertes, aber auch Trolle, Zwerge, Räucherwerk und andere Artikel, die keltischen Traditionen entspringen und damals wohl als Hexenwerk verschrien gewesen wären. Aber warum ist Triora eigentlich das „Dorf der Hexen"?

Auskunft gibt das Ethnografische Museum am Dorfeingang: Es war zwischen 1587 und 1588, dass Triora zum Schauplatz einer regelrechten Hexenjagd wurde, der insgesamt etwa 35 Frauen

Altstadt

und ein Mann zum Opfer fielen, von denen 14 im Gefängnis oder unter Folter starben. Grund für die Jagd auf Frauen, die sich oftmals gut mit Kräutern als natürliche Medizin auskannten und denen daher übernatürliche Kräfte nachgesagt wurden, war angeblich eine anhaltende Hungersnot nach einem schrecklichen Unwetter. Dieses vernichtete einen Großteil der Ernte. Da aber „Hexen" als Sündenbock für die Misere greifbarer schienen, begann in Triora die Inquisition. Noch heute behauptet manch einer, vor den Eisengittern der Häuser in Via San Dalmazzo Gejammer oder Schreie zu vernehmen – dort, wo die ersten „Hexen" gefangen gehalten wurden.

Um diesem düsteren Kapitel zu entfliehen und sämtliche Hexerei hinter sich zu lassen, empfiehlt sich ein Spaziergang den Hügel zum Friedhof hinauf – dort geht es tatsächlich weniger schauerlich zu als im Dorf selbst. Zu Geisterfreiheit und Stille lässt sich vor allem eines genießen – der beste Weitblick über die sich aneinander kuschelnden Häuser von Triora, aus deren Mitte der Kirchturm hervorstakst, und über das sich in der Ferne auftürmende, raue Gestein der Seealpen.

Blick aufs Dorf vom Friedhof aus

*I*nfo

Lage: im Hinterland der Provinz Imperia

Anreise: Ab San Remo (erreichbar mit der Bahn) fährt mehrmals täglich ein Bus (Linie 16) nach Triora, Dauer ca. 1,5 Stunden. Sehr viel praktischer ist es allerdings, Triora mit einem Mietwagen zu besuchen, vor allem, wenn man sich auch die Umgebung anschauen möchte.

Einkehr: Spaziergang auf den Spuren der Inquisition, Spaziergang hoch zum Friedhof mit Weitblick, Ausflüge in die Dörfer der Umgebung oder zum Wandern in die Seealpen (siehe Wanderung auf den Monte Saccarello, Tipp 45, Seite 232)

- Museo Triora/Ethnografisches Museum: Via Roma, 18010 Triora, Tel. +39 018494466, *museotriora.it*

45 Monte Saccarello

DAS DACH LIGURIENS

Wer „höchster Berg" hört, mag sofort Assoziationen mit Top-Kondition, perfekter Wanderausrüstung und halsbrecherischer Kraxelei auf rauem Gestein denken. Doch Liguriens Monte Saccarello erfordert nichts davon. Gut, eine gewisse Grundfitness kann nicht schaden und am Ende geht es etwas steiler bergauf, aber im Grunde ist der Zweitausender ein Gipfel für jedermann. Er ist ein optimales Ziel, um einen Tag lang in die Welt der recht wenig besuchten, teils sanften, teils rauen Ponente-Bergwelt einzutauchen.

Er ist mit 2201 Metern der höchste Berg Liguriens – und trotzdem ein solcher Geheimtipp unter Wanderern, dass ihn selbst viele Ligurer noch nie erklommen haben. Gut ausgeschilderte Wege führen auf den Gipfel, teils über den bekannten Wanderweg Alta Via dei Monti Liguri, kurz AV, der sich durch ganz Ligurien zieht.

Der Monte Saccarello findet sich inmitten der sogenannten maritimen Alpen oder Seealpen, wo irgendwo zwischen Wiesen und Abhängen die Grenze zwischen Italien und Frankreich verläuft. Ein bequemer Aufstieg beginnt unter anderem in dem winzigen Dorf Verdeggia auf 1100 Meter Höhe. Gerade in den Sommermonaten lohnt es sich, früh zu starten, solange der erste Teil des Weges noch im Schatten liegt.

Trifft man an den Stränden meist tief gebräunte Ligurer in der neuesten Kollektion an Bikinis oder Badeanzügen, sieht man in den Seealpen erstmals Einheimische in Wanderfunktionskleidung, Wanderschuhen und mit Rucksäcken. Und die sind so aufgeschlossen wie kaum anderswo: Da bleibt man auch gerne mal in einer Kurve stehen und erklärt den Neulingen, was am Horizont zu sehen ist – zum Beispiel die höchsten Berge Korsikas in über 300 Kilometern Entfernung!

Die Strecke führt durch Laub- oder Mischwälder. Eichhörnchen hüpfen in Lärchen umher, dann macht der Wald Raum für Weiden, und der Blick reicht über Baumwipfel, die weichen Rundungen der Hügel und Ruinen von Steinhäuschen, die Case Vesignana. Am ersten Pass auf knapp 1600 Metern, dem Passo Collardente, bietet der Monte Saccarello seinen Besuchern eine Vorschau auf das, was sie erwartet: ein Waldstück, gefolgt von steil ansteigenden Wiesen, an deren Ende das Grün der steinigen Bergspitze weicht. Der zweite Teil der Wanderung verläuft auf der insgesamt 440 Kilometer langen Alta Via dei Monti Liguri (AV), die sich ab Ventimiglia durchs ligurische Gebirge schlängelt, bis in den kleinen Ort Ceparana an der toskanischen Grenze. Liguriens bekanntester Wanderweg ist gut erkennbar an rot-weiß-gestreiften Schildern und den Lettern AV. Den Weg säumen Anemonen, fliederfarbene Veilchen, ligurischer Enzian und Kornblumen, bis es geschafft ist: Linker Hand breitet sich ein sanft gewellter Gebirgskamm aus, weit dahinter ragen die mehr als 3000 Meter hohen französischen Seealpen in den Himmel.

Obelisk auf dem Monte Saccarello

Tief unten lassen sich mehrere Bergdörfer ausmachen, von denen aus neben Wan-

Blick über die Seealpen

derwegen auch Mountainbike-Strecken auf den Monte Saccarello führen – unter anderem von Monesi und Realdo. Auch eine Schotterstraße reicht von dort bis kurz unter den Obelisken (statt Gipfelkreuz) auf 2201 Meter Höhe, befahrbar von Fahrzeugen mit Allradantrieb. Das machen sich vor allem ältere Dörfler gern zu nutzen – nicht nur, um das Bergpanorama zu genießen, sondern um im Rifugio La Terza, einer Schutzhütte, zu schlemmen. Nur Saccarello-Neulinge interessieren sich für eine fast in den Hügeln versunkene Batterie bzw. Stellung, von denen es im Gebirge mehrere geben soll. Angeblich wurden sie Anfang des 20. Jahrhunderts als Artillerie-Batterien gegen die Franzosen errichtet und dienen heute Tieren wie Hasen, Murmeltieren oder Gämsen als Zufluchtsorte.

Wer kein Date mit den Köstlichkeiten in La Terza hat, geht stattdessen zu Jesus Christus. Denn auf dem Monte Saccarello stehen nicht nur ein Obelisk und mehrere Batterien, sondern auch eine 1901 erbaute bronzene Christus-Statue. Mit der von Rio de Janeiro kann sie sich größentechnisch allerdings nicht messen. Ähnliche Statuen ragen auf weiteren Berggipfeln Italiens empor und gehen auf eine Tradition von Beginn des 20. Jahrhunderts zurück, als man Christusstatuen auf dem jeweils höchsten Berg einer Region aufstellte, die den umliegenden Dörfern Schutz bieten sollten. Der Cristo des Monte Saccarello wurde im Beisein von Bischöfen und weiteren Geistlichen eingeweiht – eine Zeremonie, die jedes Jahr aufs Neue am ersten Sonntag im August zelebriert wird, gemeinsam mit Kirchenleuten, Dörflern, Hirten und Wanderern von nah und fern.

Zurück geht es auf demselben Weg – oder, wer noch viel Energie hat, über die längere Strecke vorbei am Rifugio Sanremo, der höchsten Schutzhütte Liguriens, über den Passo di Garlenda und den Passo della Guardia.

Lage: hinter Triora, an der italienisch-französischen Grenze, im regionalen Naturpark der Ligurischen Alpen

Anfahrt: Für die Anfahrt zu Dörfern wie Verdeggia, wo die Wanderung beginnt, ist ein Mietwagen äußerst empfehlenswert, da es praktisch keine öffentlichen Verkehrsmittel gibt.

Website: Es gibt keine offizielle Website des Naturparks mit Wegbeschreibungen o. Ä. Eine sehr gute Wegbeschreibung ab Verdeggia (auf Deutsch) ist allerdings folgende: *planetoutdoor.de/touren/wandern/auf-den-hoechsten-berg-liguriens*

Verpflegung und Übernachtungen: Wie auf den meisten Wanderungen empfiehlt es sich, ausreichend Wasser und etwas zum Essen dabei zu haben – es gibt nichts Schöneres, als ein Picknick unter dem strengen Blick von Jesus Christus an der Bergspitze. Allerdings finden sich unweit des Gipfels auch zwei Schutzhütten, das Rifugio La Terza und das Rifugio Sanremo. Die Öffnungszeiten können variieren – möchte man dort essen oder gar übernachten, sollte man auf jeden Fall vorher anrufen und die Daten/Zeiten abklären.

- Rifugio La Terza: Tel. +39 0183754329, *rifugiolaterza.it*
- Rifugio San Remo: Tel. +39 0184505983 (Betreiber, nicht die Hütte selbst)

46 Dolceacqua

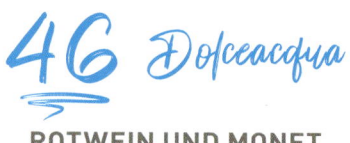

ROTWEIN UND MONET

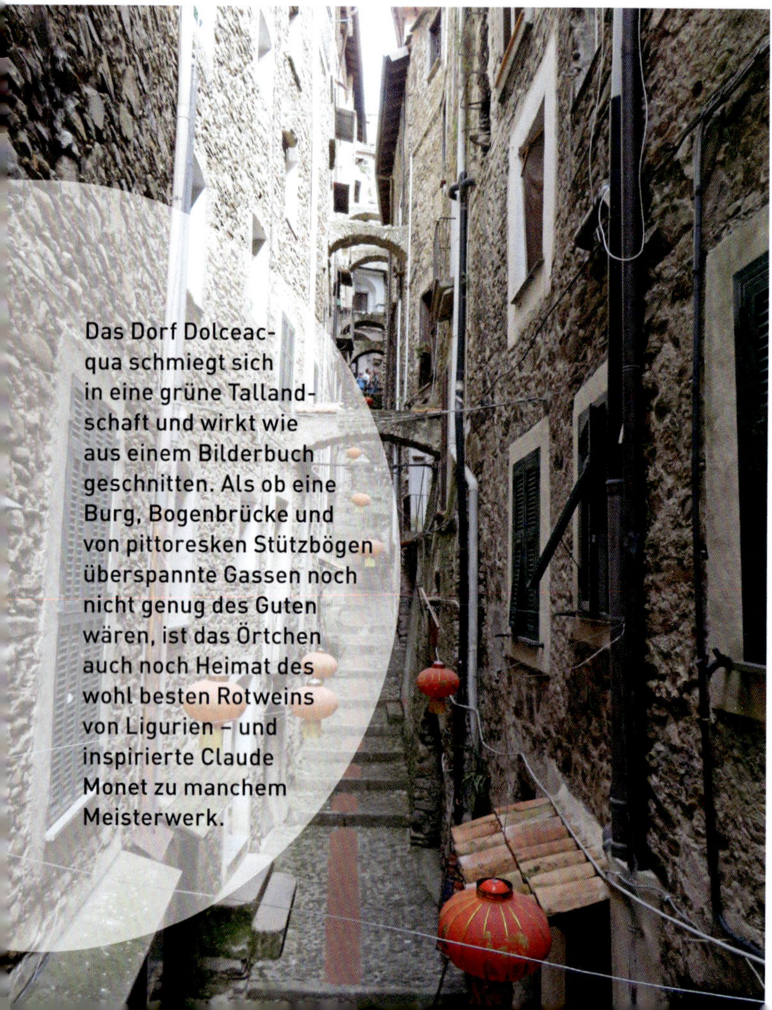

Das Dorf Dolceacqua schmiegt sich in eine grüne Tallandschaft und wirkt wie aus einem Bilderbuch geschnitten. Als ob eine Burg, Bogenbrücke und von pittoresken Stützbögen überspannte Gassen noch nicht genug des Guten wären, ist das Örtchen auch noch Heimat des wohl besten Rotweins von Ligurien – und inspirierte Claude Monet zu manchem Meisterwerk.

Es ist, als würde man in eine Märchenwelt eintreten, wenn der moderne Teil Dolceacquas hinter den Torbögen zur Altstadt zurückbleibt und sich stattdessen ein Labyrinth aus Gassen vor den Augen eröffnet. Die Gassen, „caruggi" genannt, sehen ein wenig anders aus als in den meisten ligurischen Dörfern, denn sie werden von hübschen Stützbögen überzogen, die sich von Steinhaus zu Steinhaus spannen. Da Dolceacqua mit seinen heute gerade mal 2000 Einwohnern einst eine Festung war, sollte diese Architektur die Verteidigung gegen mögliche Feinde erleichtern, schützte aber gleichzeitig auch vor Sonne. Tatsächlich ist es in den Gassen selbst an heißen Sommertagen stets um einige Grad kühler, was den immer steiler werdenden Aufstieg zur Burgruine nicht ganz so schweißtreibend gestaltet.

Ponte Vecchio

Die Burg entstand im 12. Jahrhundert und war lange Zeit im Besitz der Doria-Familie, einer der herrschenden Adelsfamilien Italiens, was auch ihren heutigen Namen erklärt: Castello dei Doria. Von der zu besichtigenden Burgruine bietet sich fraglos der beste Weitblick über das Dorf und das hügelige Umland der Seealpen-Täler Val Nervia und Val Verbone, bis zur fotogenen, 32 Meter langen Bogenbrücke aus dem Jahr 1400 über den Fluss Nervia. Sollte es jemanden geben, der diese Brücke gar nicht so schön findet, sollte nochmals genauer hinschauen – der berühmte französische Maler Claude Monet fand das geschwungene Bauwerk nämlich so inspirierend, dass er es 1884 malte und dem Werk den Titel „Juwel der Leichtigkeit" verlieh. Besucher können sich nun an genau der Stelle platzieren, wo einst sein Schemel stand, denn der Fleck ist markiert durch Gedenktafeln an Monets in Dolceacqua entstandene Bilder.

Ob Monets Muse allein der malerische Anblick des Dorfes war oder ob auch der Rossese ein wenig nachhalf, ist allerdings unbekannt. Rossese ist das Stichwort, unter dem Dolceacqua über die Grenzen Liguriens hinaus bekannt ist, denn er gilt als bester ligurischer Rotwein. In einer Region, die sich generell höchstens für die Produktion von Weißwein eignet, ist der rubinrote Rossese, dem mancher Weinkenner sogar die Eigenschaften eines Burgunders nachsagt, eine echte Seltenheit. Deswegen wurde er 1972 auch als erster ligurischer Wein mit „DOC" ausgezeichnet – „denominazione di origine controlata" – kontrollierter Ursprungsbezeichnung. Die Winzer vor Ort, bei

Altstadtgassen

denen man teils Wein verkosten kann, sprechen von einer einmaligen Verbindung von mediterranem Überschwang und festländischer Eleganz, von einem idealen Dialog zwischen zwei gegensätzlichen Welten und Finesse ohne Ende. Egal, welches leckere Gericht einen während des Dorfbesuchs auch in einem der zahlreichen Restaurants verführt, ein Rossese gehört einfach dazu – und passt auch zu fast allem, sei es Fisch, weißes Fleisch wie Huhn, Lamm oder Kaninchen, aber auch zu in Ligurien typischen Gemüsegerichten.

Wer nun vermutet, der Name Dolceacqua, „süßes Wasser", habe irgendetwas mit dem Rossese zu tun, der irrt sich, denn der Wein ist alles andere als süß. Vielmehr entstammt der Name wohl einer einstigen römischen Burg, die im Besitz eines Mannes namens Dulcius war.

Castello dei Doria

Info

Lage: gut zehn Kilometer von Ventimiglia entfernt, im Hinterland zwischen den Seealpen-Tälern Val Nervia und Val Verbone

Anreise: Ab Ventimiglia fährt Bus 7 etwa alle zwei Stunden nach Dolceacqua, Dauer ca. 20 Minuten. Sollte man auch die Umgebung weiter erkunden wollen, lohnt sich die Anreise mit einem Mietwagen.

Aktivitäten: Erkundung des Dorfes, Besuch der Burg, Spaziergang auf den Spuren Monets, Verkostung des Rossese, u. a. bei Winzern wie Terre Bianche, einem alteingesessenen Winzer-Betrieb mit Agritourismus: Tel. +39 018431426, *it.terrebianche.com* (unbedingt vorher anmelden!)

47 Willkommen im Fürstentum Seborga!

Eigentlich ist es „nur" ein Dorf von vier Quadratkilometern Größe, das etwa 280 Einwohner zählt und sich auf 500 Meter Höhe im bergigen Hinterland versteckt: Seborga. Allerdings ist es nicht nur in Ligurien, sondern in ganz Italien einmalig, denn die Bewohner Seborgas erklärten ihr Dorf zu Beginn der 1990er-Jahre als unabhängiges Fürstentum! Dies geschah nicht von einem Tag auf den anderen, nein, man sammelte Jahrzehnte lang Dokumente, die eines bestätigen sollten: Als 1946 die Republik Italien gegründet wurde, war Seborga keiner Staatsmacht unterworfen. Daraus ließ sich schließen, dass das Dorf nie aufgehört hatte, ein „Principato" zu sein, ein Fürstentum, wie bereits im Mittelalter. Die offizielle Website Seborgas betont: „Warum sind wir unabhängig? Weil wir nie aufgehört haben, es zu sein!". Dem folgt ein gescanntes historisches Dokument als Beweismittel.

In Ligurien gibt es tatsächlich ein Dorf, das gehört gar nicht zu Italien – oder zumindest behaupten das die knapp 300 Einwohner. Es handelt sich um das Fürstentum Seborga in den Ponente-Hügeln mit eigener Fürstin, eigener Flagge und sogar einer eigenen (nicht offiziellen) Währung. Aber keine Sorge, die Grenze von Italien und Seborga ist leicht und ohne Passkontrolle passierbar.

Der erste Fürst war ab 1995 Giorgio Carbone, kurz Giorgio I., ein ehemaliger Unternehmer im Blumenhandel, der die Leidenschaft der Dörfler entfachte, als unabhängiges Fürstentum anerkannt zu werden. Giorgio I. besorgte ein Stadtwappen für

Seborga und stellte sowohl eine eigene Regierung als auch eine Armee auf die Beine – letztere immerhin einen Mann stark. Als Vorbild diente Monaco, doch im Gegensatz zu dem offiziellen Fürstentum wurde Seborga von Italien nie als unabhängig anerkannt und auch von sonst niemandem – mit Ausnahme von Brasilien und Nigeria, wo das Fürstentum jeweils ein Konsulat unterhält.

Trotz aller Bemühungen der fürstlichen Dorfgemeinschaft müssen alle weiterhin an Italien Steuern zahlen und auch den Euro akzeptieren, da die eigentliche Seborga-Währung, der Luigino, den Bürgern nur inoffiziell als Zahlungsmittel dient. Für eines aber war die Unabhängigkeitserklärung

Willkommensschild an der Straße

Seborgas auf jeden Fall gut: Sie lockt eine Vielzahl an Touristen in das ansonsten unscheinbare Dorf. Es gibt nichts Schöneres als ein Foto mit dem himmelblauen Schild an der Serpentinenstraße hoch zum Dorf, auf dem „Benvenuti nell' antico Principato di Seborga" steht. Im Sommer sollte man aufpassen, denn hinter den Kurven bildet sich schnell Stau, wenn alle anhalten, um ein Selfie mit dem seltsamen Schild zu schießen.

Der Dorfeingang und die Aussichtsterrasse am Parkplatz heißen Besucher mit blau-weiß gestreiften Flaggen mitsamt Wappen des Fürstentums willkommen – die nahezu an jeder Ecke und an fast jedem Haus wehen. Wer zur rechten Zeit vor Ort ist, kann sogar einen Gardenwechsel miterleben. Der „corpo delle guardie" setzt sich aus Amateur-Polizisten zusammen, die Uniform-Farbe im Einklang mit der Nationalflagge. Sie haben zwei Jobs: die Grenze nach Italien zu bewachen und die Fürstenfamilie vor etwaigen Gefahren zu bewahren.

2009 verstarb der kinderlose Fürst Giorgio I., und die Dörfler wählten als Nachfolger Marcello Menegatto (Marcello I.), der das Amt 2018 niederlegte und Seborga bis November 2019 fürsten-

Aussichtsterrasse am Dorfeingang

los hinterließ. Heute hat das Fürstentum eine Fürstin: Menegattos Ex-Frau Nina Döbler-Menegatto, gebürtige Bayerin aus Kempten, die den Thron sieben Jahre lang ihr Eigen nennen darf und mit dem Titel „S.A.S. la Principessa di Seborga" (sua altezza serenissima), eure Durchlaucht, anzusprechen ist. Obwohl die Fürstin nicht aus Seborga stammt, setzte sie sich jahrelang für die Unabhängigkeit des Dorfes ein und bemühte sich, es auch im Ausland als Touristenziel bekannt zu machen.

Das scheint ganz gut zu laufen, denn auf der Piazza San Martino mit Weitblick über die Hügel schlemmen viele Besucher aus aller Welt oder trinken zumindest einen Cappuccino, bevor sie durch die überschaubaren Gassen schlendern. Wo viele blau-weiß gestrichene Briefkästen die Häuschen zieren, die Restaurant-Tische blau-weiß gestreift gedeckt sind oder das Staatswappen am Rathaus an den Status Seborgas erinnert. Nur wenn es ums Essen geht, teilen die Dörfler und Italiener ihre Vorlieben: Zu ligurischen Weinen gibt es Pesto-Gerichte, Spezialitäten wie geschmorte Ziege mit Bohnen oder Wildschwein mit gegrillter Polenta. Wer ein Mitbringsel für die Lieben daheim sucht, kauft „Pincipini di Seborga", die kleinen Prinzen von Seborga – eine Art kleiner, weicher Panettone, eigentlich eine weihnachtliche Süßspeise aus Mailand.

Die Gassen laden zum Schlendern ein.

Info

Lage: knapp 20 Kilometer von Ventimiglia entfernt, im Hinterland zwischen Ventimiglia und San Remo

Anreise: Von Ventimiglia oder San Remo kann man mit der Bahn das Städtchen Bordighera erreichen, von wo Bus 10 in unregelmäßigen Abständen in etwa 1,5 Stunden nach Seborga fährt. Sehr viel schneller und praktischer ist es allerdings, das Dorf mit dem Mietwagen anzufahren.

Aktivitäten: Spaziergang durch die Gassen und Schlemmen/Kaffeetrinken in einem der Restaurants oder Cafés. Seborga liegt sehr schön in den Hügeln des Hinterlandes, sodass man ab dort auch wandern könnte.

Website: *principatodiseborga.com*

48 Bordighera

ZWISCHEN MITTELALTER UND MODERNE

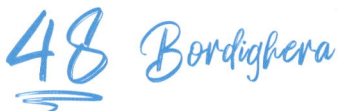

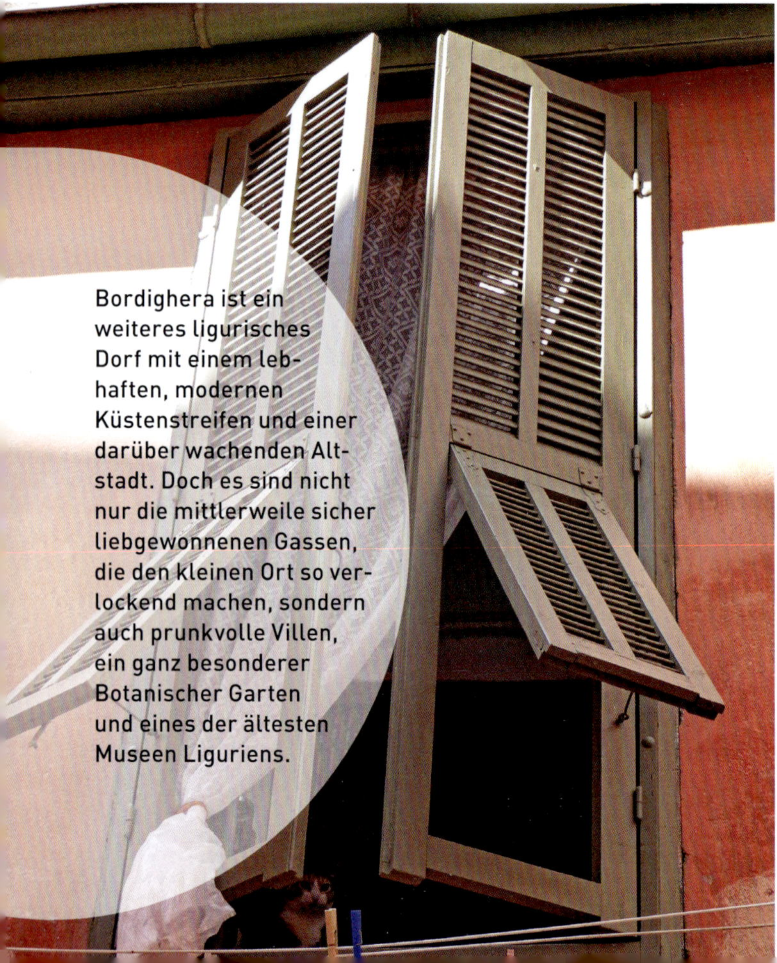

Bordighera ist ein weiteres ligurisches Dorf mit einem lebhaften, modernen Küstenstreifen und einer darüber wachenden Altstadt. Doch es sind nicht nur die mittlerweile sicher liebgewonnenen Gassen, die den kleinen Ort so verlockend machen, sondern auch prunkvolle Villen, ein ganz besonderer Botanischer Garten und eines der ältesten Museen Liguriens.

Schon die Strände Bordigheras sind so vielseitig wie die Gemeinde selbst: Da ist zunächst der größte Strand namens Rattaconigli, wo das Leben pulsiert, sich die Menschen an den Bars versammeln und bei Sommerpartys auch mal bis in die Morgenstunden tanzen. Wer es ruhig und heimelig vorzieht, macht es sich stattdessen auf den Felsen unterhalb der hübschen Kirche von Sant' Ampelio aus dem 11. Jahrhundert gemütlich – ein Geheimtipp der Dorfbewohner,

Gasse in der Altstadt

denn das Wasser dort ist um einiges klarer und sauberer und bietet sich sogar zum Schnorcheln an. Zugleich sonnt man sich dort am südlichsten Punkt nicht nur Liguriens, sondern von Norditalien! Noch abgelegener ist der ehemalige Fischerstrand Arziglia, wo sich vor allem Einheimische und Kenner der Region versammeln.

Wer genug Salzwasser und Sonne getankt hat und sich fernab des Küstentrubels wünscht, ist in Bordighera genau richtig: In nur wenigen Hundert Metern ist Bordighera Alta erreicht, die Altstadt, von wo sich das Treiben am Ufer entspannt aus der Höhe betrachten lässt. Die noch heute sichtbaren Mauern entstanden im Spätmittelalter und verstärken den Eindruck, man befinde sich in einem ganz anderen Dorf, sobald das Tor Porta Sant' Ampelio durchschritten ist. Wie in manch anderem historischen Dorfkern heißt es nun, sich in den Gassen verlieren und immer wieder auf einen kleinen Platz stoßen, wo eine Bar mit einem Cappuccino lockt oder aus einem Restaurant der Duft des gerade zubereiteten Mittag- oder Abendessens strömt.

Zwischen bunten Häuschen mit grünen Fensterläden, miteinander durch Stützbögen verbunden, ist das Urlaubsfeeling

241

Città Alta

zusammen mit der von zu viel Sonne spannenden Haut komplett. Im Herzen des alten Bordighera thront die Kirche Santa Maria Maddalena, die im 19. Jahrhundert erbaut wurde. Noch interessanter ist allerdings die wunderschöne Villa Mariani mit großzügigem Park, wo einst der Maler Pompeo Mariani lebte, dem zu Ehren dort nun eine Stiftung angesiedelt ist. Für Besucher steht das Atelier-Museum La Specola offen. Nicht minder imposant zeigt sich in der Via Romana die von dem deutschen Bankier Raphaël Bischoffsheim errichtete Villa Etelinda. Sie wartet mit einem schmucken Turm auf, einer Fassade mit polychromen Mosaiken sowie malerischen Gärten. Und als dritte Villa gehört die Villa Garnier des gleichnamigen französischen Architekten auf die Must-see-Liste, denn das dreistöckige Haus mit Türmchen wirkt wie ein steingewordener Traum direkt am Meer und bietet auch Unterkünfte für Besucher an. Da es Garnier offenbar nicht am nötigen Kleingeld mangelte, ließ er den Garten vom Landschaftsarchitekten Ludwig Winter anlegen, dem auch die Hanbury-Gärten von Ventimiglia zu verdanken sind. Und wenn es schon um Botanische Gärten geht: Man muss nicht auf Hanbury warten, um eine riesige botanische Vielfalt zu genießen, denn auch Bordigheras Pallanca Exotischer Garten hält manches Juwel bereit. Darunter die größten Sukkulenten (saftreichen Pflanzen) Italiens, die an den Hängen eines früheren Vulkans, dem Monte Nero, wunderbar gedeihen und dabei auch noch ein Foto-würdiges Panorama über die Bucht freilegen.

Egal, ob man generell Museumsfan ist oder nicht, Bordigheras 1888 erbautes Bicknell Museum ist für jeden einen Besuch wert.

Es ist benannt nach dem Briten Clarence Bicknell, der so vielseitig war wie das Museum – nicht nur Botaniker, sondern auch Mathematiker und Archäologe. Entsprechend überrascht die Ausstellung neben geologischen Funden mit alten Büchern und Zeichnungen, doch das Highlight befindet sich nicht im Gebäudeinneren, sondern davor: wild wuchernde Bäume, darunter eine riesige großblättrige Feige, die einst aus Ozeanien importiert wurde und zu einem 21 Meter hohen Prachtbaum herangewachsen ist. Dabei hat sie sich sogar einen Teil der Mauer und des Eingangstors einverleibt, was aber niemanden zu stören scheint.

Lage: knapp sieben Kilometer östlich von Ventimiglia

Anreise: Bordighera verfügt über einen Bahnhof, der regelmäßig von Regionalzügen aus Genua oder Ventimiglia angefahren wird. Von Ventimiglia dauert die Fahrt nur acht Minuten.

Aktivitäten: Strand & Baden, Besuch der Kirche Sant' Ampelio, Altstadtbummel mit Besichtigung der Villen, des Botanischen Gartens oder des Bicknell Museums

- Villa Mariani: Besichtigung nach Voranmeldung möglich; Via Fontana Vecchia 5, 18012 Bordighera, Tel. +39 0184265556, *bordighera.it/storia/luoghi_ed_edifici/villa_mariani*
- Villa Etelinda: Besichtigung nach Voranmeldung möglich; Via Romana, 18012 Bordighera, Tel. +39 3923214321
- Villa Garnier: die Villa bietet Unterkünfte an; Via Charles Garnier 11, 18012 Bordighera, Tel. +39 0184261833, *villagarnier.it*
- Pallanca Exotischer Garten: Via Madonna della Ruota 1, 18012 Bordighera, Tel. +39 0184266347, *pallanca.it*
- Bicknell Museum: Via Romana 39, 18012 Bordighera, Tel. +39 0184263601, *museobicknell.com*

49 Cervo

PERFEKTER AUSKLANG EINES STRANDTAGES

Cervo ist eine weitere ligurische Gemeinde, die zu den schönsten Dörfern Italiens zählt. Die Altstadt mit zwei stolzen Kirchtürmen, die sich ganz oben gen Himmel recken, scheint geradewegs von dem kleinen Strand auf- zusteigen und drängt sich nahezu für den Tages- ausklang nach einem Strandtag auf.

Es ist Bella Italia wie aus der Reisebüro-Broschüre geschnitten – schon während man am Strand liegt, kann man in aller Ruhe die sich dicht aneinanderschmiegenden, mehrstöckigen Häuser mit ihren roten Dächern bewundern, die sich hinter dem Meer in die grünen Hügel kuscheln. Gerade mal 1200 Menschen haben das Glück, dieses Bilderbuchdorf ihre Heimat zu nennen, doch die Besucher, die vor allem in den Sommermonaten durch die Gassen schlendern, dürften diese Zahl bei Weitem übersteigen. Was dem Charme des mittelalterlichen Kerns jedoch nichts anhaben kann.

In den kopfsteingepflasterten Gassen, teils überspannt von eleganten Bögen, zwischen dunkelgelb und rostrot gestrichenen Häusern mit grünen Fensterläden, geht es so ruhig und beschaulich zu, dass die Zeit an Bedeutung verliert. Manche Läden bieten selbst gemachten Schmuck oder ausgefallene Andenken zum Verkauf, während die Dörflerinnen sich in schmucken Boutiquen neu einkleiden. Gerade in den Abendstunden, wenn sich die Sonne zum Untergehen hinter den Hügeln bereit macht, wird es richtig gemütlich. Sogar so heimelig, dass manch einer alle Hemmungen verliert und auf der Piazza San Giovanni Battisti einen Tanz hinlegt, der Dorfbewohner und Touristen zusammenbringt. Und das auch außerhalb des jährlich im Juli und August in Cervo stattfindenden Kammermusikfestivals, zu dem Künstler aus ganz Europa auf der Piazza San Giovanni Battista in den Abendstunden unter freiem Himmel musizieren.

Blick über Dorf und Meer

Am Platz thront die gleichnamige Barockkirche aus dem 17. und 18. Jahrhundert, die sich mit dem Panoramablick über das Mittelmeer einen Schönheitswettbewerb liefert. Die Einheimischen nennen sie auch die „chiesa dei Corallini", Korallenkirche, womit sie ihren

Dank gegenüber den Korallenfischern bezeugen, die den Bau des Gotteshauses einst durch Materialtransport und Spenden ermöglichten. Doch es ist nicht nur die prunkvolle Fassade von San Giovanni Battista, die zum Zücken der Kamera animiert – da wäre auch noch die Kirche Santa Caterina mit ihren Fresken aus dem 18. Jahrhundert und direkt nebenan, auf dem höchsten Hügel des Örtchens, die Burg von Cervo aus dem 11. Jahrhundert, nach der Erbauerfamilie auch Castello dei Clavesana genannt. Sie beheimatet unter anderem das Stadtmuseum und gilt als ältestes Gebäude von Cervo. Im 12. Jahrhundert entstand dort ebenfalls eine Festung, deren Überreste teils noch erkennbar sind.

Chiesa San Giovanni Battista

Beim Spaziergang durch die Gassen bleibt der Blick dagegen immer wieder an Herrenpalästen hängen, die für den einstigen Wohlstand der Bewohner stehen. Und was gibt es Schöneres, als in diesem harmonischen Ambiente oder mit Weitblick über das sich langsam in Dunkelheit hüllende Mittelmeer frischen Fisch oder ein Gericht mit Schalentieren zu genießen, wozu ein weißer Vermentino besonders gut schmeckt?

Das Dorf liegt hübsch auf einem Hügel.

Info

Lage: ca. zehn Kilometer westlich der Provinzhauptstadt Imperia

Anreise: Mit der Bahn bis Imperia. Von dort verkehrt in regelmäßigen Abständen Bus 12 in knapp 20 Minuten bis Cervo. Reist man mit dem Auto an, muss man einen Parkplatz außerhalb des Altstadtkerns finden, was gerade in der Hochsaison einige Zeit in Anspruch nehmen kann.

Aktivitäten: Gassenbummel, Shopping in den kleinen Läden oder Boutiquen, Besuch der Kirche San Giovanni Battista oder der Burg bzw. des Stadtmuseums, Restaurantbesuch oder Aperitif mit Meerblick.

- Castello dei Clavesana: Piazza S. Caterina 2, 18010 Cervo; Tel. +39 0183406462, *comune.cervo.im.it/il-castello-dei-clavesana*

50 Der Botanische Garten Hanbury

Es gibt sicherlich nicht viele Botanische Gärten auf der Welt, die ganze 25 Seiten an Beschreibungen einnehmen, doch für Hanbury ist dies noch kurzgefasst. Schon von Weitem erhebt sich die pastellfarbene Villa, das Herzstück des Gartens mit Museum, aus einem mit üppigem Grün überzogenen Hügel. Von hoch oben an der Landstraße bis hinunter zum Meer erstreckt sich die Pracht, die den Geruchssinn jedes Besuchers sofort verführt mit Düften nach Sommer und blühendem Leben.

In Ventimiglia, kurz vor der französischen Grenze, wartet Ligurien noch einmal mit einem ‚Best-of‘ auf: dem Botanischen Garten Hanbury, der mehr ist als eine Ansammlung hübscher Pflanzen. Er bietet eine Reise durch die Jahreszeiten und durch die Welt – und das vor der wohl schönsten Mittelmeerkulisse, vor der sich ein Botanischer Garten entfalten könnte.

Was für ein Glück, dass der britische Kaufmann Thomas Hanbury um 1867 an der Côte d'Azur Urlaub machte und dabei auf das besondere Stück Land von stattlichen 18 Hektar am sogenannten Capo Mortola stieß – das er bald beschloss, in den bis heute bestehenden Botanischen Garten zu verwandeln. Auch der deutsche Landschaftsarchitekt Ludwig Winter werkelte eifrig daran mit, neun verschiedene Gärten zu erschaffen, die wiederum Lebensraum für Tausende von Tier- und Insektenarten boten. Bereits Anfang des 20. Jahrhunderts waren es knapp 6000! Thomas Hanbury liebte seinen Garten so sehr, dass er sich dort sogar gemeinsam mit seiner Frau beerdigen ließ und man seine Grabstätte in einem Mausoleum besuchen kann.

Pavillon della Loggia

Nach dem Zweiten Weltkrieg, bei dem der Garten erheblich beschädigt wurde, verkauften ihn die Erben an die italienische Regierung, und nun ist es die Universität Genua, die sich des Botanischen Wunders annimmt, das sogar für die UNESCO-Weltkulturliste vorgeschlagen wurde. Um den Garten mit seinen vielseitigen Wegen zu erkunden, heißt es Zeit mitbringen. Zur Hälfte kann der Garten sozusagen machen, was er will, und ist dort überwiegend mit Aleppo-Kiefern bewachsen, zur Hälfte ist er bebaut. Die vorgeschlagenen Routen umfassen einen blauen und einen roten Weg, die unter anderem vorbeiführen an einem Nirvana-, einem venezianischen und vielen weiteren Brunnen, an einem Palast, Maurischen Mausoleum, einer Mühle, einem Pavillon und einem Haus der Sonne.

Begeisterte Botaniker werden die Kameralinse gar nicht erst einfahren, denn hier wachsen Aloen und Cyclamen, dort Akazien, Farne und Salbei – die Liste ist nahezu endlos. Man spaziert durch die vier Jahreszeiten oder durch die Welt, von Japan durch einen australischen Wald bis hin zu exotischen Obstbäumen,

Mausoleo Moresco

die an Lateinamerika oder Südostasien erinnern. Manch einer möchte den Giardino dei profumi, den Garten der Gerüche, gar nicht mehr verlassen, während andere die Stille des alten Olivenhains aufsaugen. Ist die unterste Ebene am Meer erreicht, heißt es erst einmal durchatmen, denn es steht ein recht steiler Aufstieg zurück an – der jedoch schön schattig durch einen Pinienwald führt. Und spätestens, wenn die herrlichen Rosen im „Giardinetto" erreicht sind oder man sich am Palmenhain wie auf einer exotischen Reise fühlt, ist alle Mühe des Aufstiegs vergeben.

Panorama vom Garten aus

Tempietto 4 Stagioni

Info

Adresse: Corso Montecarlo 43, 18039 Ventimiglia

Anfahrt: Mit der Bahn beispielsweise von Genua bis nach Ventimiglia, Dauer ca. 2,5 Stunden. Von dort fährt der Bus der Linie 1 bis zum Botanischen Garten (Haltestelle La Mortola), der knapp sechs Kilometer entfernt liegt.

Website: *giardinihanbury.com*

Hinweis: Man sollte sich unbedingt die Informations- broschüre und den Plan mit den vorgeschlagenen Routen mitnehmen, um auch nichts zu verpassen! Außerdem: bequeme Schuhe anziehen und Sonnenschutz mitnehmen, man muss viel laufen, teils auch auf sonnigen Pfaden! Für den Besuch sind mindestens 1,5 Stunden einzuplanen, am besten jedoch deutlich mehr.

Register

Wanderung bei Cinque Terre